W0364977

Martina Krčmár

Rien ne se perd !
du bon usage des Épluchures

NETTOYER LE CUIR AVEC UNE PEAU DE BANANE,
FAIRE DE L'ENGRAIS AVEC DES COQUILLES D'ŒUFS,
ET AUTRES RECETTES POUR LA MAISON, LA SANTÉ, LE JARDIN…

JE SÈME À TOUT VENT

LAROUSSE

ÉDITEUR DE QUALITÉ DEPUIS 1852

Direction de la publication
Isabelle Jeuge-Maynart et Ghislaine Stora

Direction éditoriale
Catherine Delprat

Édition
Agnès Dumoussaud

Relecture
Laurence Alvado

Mise en pages
Claire Morel Fatio

Couverture
Véronique Laporte

Fabrication
Geneviève Wittmann

© Larousse 2017
ISBN 978-2-03-592692-0

Toute reproduction ou représentation intégrale ou partielle, par quelque procédé que ce soit, du texte et/ou de la nomenclature contenus dans le présent ouvrage, et qui sont la propriété de l'Éditeur, est strictement interdite.

SOMMAIRE

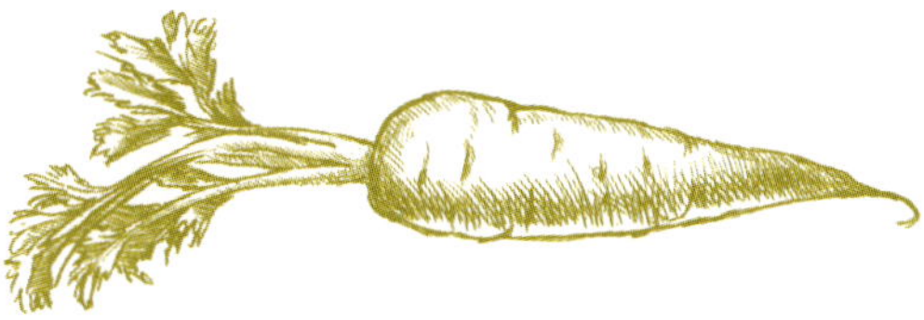

RIEN NE SE PERD, TOUT SE TRANSFORME !

À la lecture de ce livre, vous découvrirez que nos soi-disant « déchets » n'ont pas dit leur dernier mot et, dorénavant, vous ne les envisagerez plus du tout de la même manière !

LES ANNÉES « FLEURS »

Même si les années 1970 furent joyeuses et libératrices, elles firent aussi l'apologie du plastique et de la démesure, du synthétique à outrance, et peu importe si cela était nocif pour la santé et polluait un peu plus la planète.

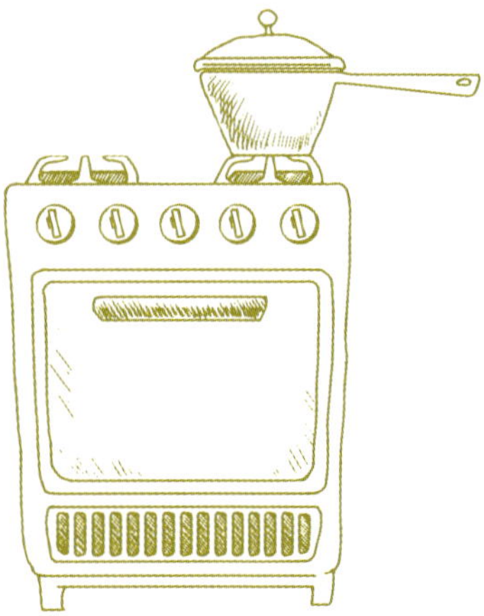

Ça ne date pas d'hier !

Il fut une époque où on ne perdait rien, mais on transformait, réutilisait ou réparait jusqu'à l'ultime usure. Tout ce qui était fait l'était pour durer. On avait l'art d'accommoder les restes ou d'utiliser les aliments jusqu'au « trognon ».

La tendance actuelle n'a rien inventé et ne fait que « recycler » une manière de vivre que l'on avait et pratiquait le plus naturellement du monde avant les années 1970.

Tout se recycle. On revient au temps de nos grands-parents ou de nos arrière-grands-parents, quand réutiliser les objets ou les aliments se faisait tout naturellement. Même si, aujourd'hui, on parle de « recycling » et d'« upcycling », l'esprit est resté le même.

Avant de vous lancer...

Par épluchures, on entend généralement tout ce qu'on jette, comme les pelures de fruits ou de légumes, les coques et les coquilles, les écorces, les pépins et les noyaux... Mais aussi les eaux de cuisson, le marc de café...

Ne gardez que le meilleur ! La peau des végétaux, c'est bien connu, est beaucoup plus nourrissante que l'intérieur, car les vitamines et les minéraux s'y concentrent, comme dans la croûte des fromages. Par conséquent, nous avons la mauvaise habitude d'éliminer la partie la plus nutritive de ce que nous mangeons !

NE LES JETEZ PAS !

Les eaux de cuisson des légumes ou de la viande, *que l'on a toujours le réflexe de jeter, regorgent en fait de vitamines et de minéraux qui ont migré dans le liquide au cours de la cuisson. En jetant systématiquement vos eaux de cuisson, vous vous privez donc de nutriments essentiels pour votre santé.*

Réutiliser nos déchets nous oblige à « réinventer » notre façon de vivre, d'être et surtout de penser. Cela implique que nous nous remettions en question et posions un regard différent sur le monde qui nous entoure, sur la place que nous y occupons, sur nos besoins réels, sur notre rôle et notre pouvoir d'agir pour changer les choses. Cela ne va pas sans modifier notre regard sur nous-même.

Nos épluchures au quotidien

Pas de travail supplémentaire, mais simplement une autre façon d'envisager votre consommation. Par exemple, lorsque vous achetez vos fruits et légumes au marché, ne faites pas couper les queues ou ôter systématiquement les feuilles. Pensez-y aussi lorsque vous cuisinez. Envisagez les végétaux dans leur totalité.

N'oubliez pas également que vous pouvez congeler vos épluchures et déchets, de la même manière que vous le feriez pour les autres parties des aliments. De cette façon, vous en aurez toujours en réserve même la saison passée.

Faire ses courses sur les marchés, c'est une priorité ! Retrouvez le plaisir du contact humain et également de pouvoir vous renseigner sur ce que vous achetez, de pouvoir choisir, d'avoir un large choix des produits comme des marchands.

En achetant dans les supermarchés, vos fruits et légumes seront standardisés : queues coupées, trognons tranchés, fanes éliminées… Tout est déjà calibré en vue de la rentabilité, et par conséquent, tous les soi-disant déchets sont partis à la poubelle. C'est aussi pour cette raison qu'il est toujours préférable d'acheter sur les marchés, qui connaissent d'ailleurs un regain de fréquentation qui s'inscrit dans la tendance du retour au naturel.

DU BIO OU RIEN !

Il est impératif que vous n'utilisiez que la peau, les pépins, les graines ou les noyaux des fruits et légumes issus de l'agriculture biologique.
Les pesticides et autres substances nocives pour la santé se concentrent en effet essentiellement dans ces parties. Inutile de compter sur les vitamines ou les minéraux de produits non bio, ils sont pour la grande majorité détruits par tous les traitements chimiques intensifs.

CUISINE

L'art d'utiliser les restes
de A à Z

MIAM, LES ÉPLUCHURES !

S'il est un domaine où l'adage « rien ne se perd, tout se transforme » prend tout son sens, c'est bien en cuisine. Cuisiner ce que l'on a appris à jeter depuis toujours laisse une large part à l'imagination et à la créativité pour des saveurs insoupçonnées. Vous allez vous découvrir des talents de créatrice culinaire à réinventer des plats dont les ingrédients étaient destinés à la poubelle !

Abricot

NOYAUX

▶ Pour éviter que la pâte ne se soulève à la cuisson

Lorsque vous faites une tarte, disposez des noyaux d'abricot nettoyés et essuyés sur le fond de tarte, à même la pâte. Dès qu'il est à moitié cuit, retirez les noyaux afin de disposer la garniture. Si vous n'avez pas de noyaux d'abricot, placez d'autres noyaux de fruits ou, à défaut, des haricots secs.

▶ Liqueur de noyaux d'abricot

60 noyaux d'abricot • 300 g de sucre roux • 50 cl d'alcool à 90 ou 60 % vol.

Dans une casserole, mettez à fondre le sucre à feu doux avec 50 cl d'eau. Versez le sirop obtenu dans une bouteille à large goulot (pour que les noyaux puissent passer), puis ajoutez l'alcool et les noyaux. Fermez hermétiquement et laissez reposer 30 jours à l'abri de la lumière et dans un endroit suffisamment aéré. Une cave ancienne est parfaite pour cela. Filtrez ensuite l'alcool obtenu et reversez dans une bouteille. Votre liqueur est prête à être consommée ; elle peut se conserver plusieurs années et, en prenant de l'âge, elle sera encore meilleure.

LE BEST-SELLER

__L'abricot__ est un fruit très riche, plein d'antioxydants de toutes sortes, de provitamine A, de vitamines du groupe B, C, E, de sélénium, cuivre, potassium, fer, magnésium, acide malique… qui lui confèrent de nombreuses vertus dont celle d'être un antistress, légèrement euphorisant.

BON À SAVOIR !

Attention, tous les noyaux de fruits ne sont pas toujours propres à la consommation. Les amandes à l'intérieur des noyaux de pêche ou d'abricot, par exemple, présentent **un risque d'intoxication.** Dans la liqueur de noyaux d'abricot, ceux-ci ne sont pas toxiques puisqu'ils ne sont pas ouverts.

▶ Consommer des abricots avec leur peau ne vous donnera pas seulement un teint resplendissant et du tonus, mais vous permettra aussi de retrouver le sourire.

▶ *L'ail relève le goût des plats.*

IL Y A CENDRE ET CENDRE

La cendre de bois utilisée dans les recettes de cuisine résulte d'un feu de cheminée ou éventuellement d'un barbecue. À condition toutefois de n'utiliser que du bois et pas des magazines ou prospectus en couleurs qui dégagent des substances toxiques en brûlant et de ne pas employer non plus d'allume-feu chimiques. Sachez qu'on peut allumer le feu avec des épluchures de pomme de terre (voir p. 30). Tout ce qu'il y a de plus naturel !

Ail

PELURES

▶ Pour aromatiser vos plats

Ne jetez pas vos pelures d'ail, mais utilisez-les comme vous le feriez pour les gousses. Elles renferment tous les nutriments essentiels que l'on trouve dans la gousse et même en plus forte concentration. Les pelures d'ail ne se consomment pas crues, pour la simple raison qu'elles ne sont pas faciles à mâcher étant assez sèches. Pour les consommer, soit vous les ajoutez directement dans vos plats à la cuisson, soit vous les faites cuire à part, à l'eau, ou revenir doucement dans un peu d'huile d'olive.

Avocat

COQUES

▶ Pour s'en servir comme de coupes à glace

Après les avoir nettoyées, réutilisez les coques d'avocats pour y disposer des boules de glace. Les coques sont résistantes, mais attention à ce qu'elles ne soient pas fendues. Cela fonctionne mieux avec des avocats d'Hass du Pérou, à la peau marron granuleuse et épaisse. On peut les congeler 1 heure avant utilisation pour plus de tenue.

Bois

CENDRE

▶ Pour cuire des pommes de terre à l'ancienne

Avez-vous déjà essayé les pommes de terre « en chemise » cuites dans la cendre de bois ? Elles sont beaucoup plus savoureuses et cuites à point. Lavez quelques pommes de terre en conservant la peau et emmaillotez-les chacune dans une feuille de papier d'aluminium. Refermez bien et placez-les sous les cendres chaudes. Comptez environ 15 minutes selon leur grosseur, puis retirez-les. Dégagez le papier d'aluminium et ouvrez les pommes de terre fumantes. À déguster en versant dessus un peu de fromage blanc, de crème fraîche ou de fromage de chèvre et en parsemant de ciboulette. Un vrai régal !

Café

MARC

▶ Pour attendrir une viande

Cette méthode s'applique à toutes les viandes, de la volaille à la viande rouge. Dans un récipient, placez la pièce de viande à attendrir. Recouvrez-la et enveloppez-la avec du marc de café. Laissez reposer environ 2 heures, puis retirez le marc de café.

Carotte

ÉPLUCHURES

▶ Chips caramélisées

Épluchures de carottes • huile d'olive • 1 cuill. à soupe de sucre roux

Dans une poêle chauffée avec un peu d'huile d'olive, faites revenir à feu doux des épluchures de carottes. Ajoutez le sucre roux et remuez. Les épluchures vont doucement dorer et se caraméliser. Lorsque la couleur est bien dorée, retirez et disposez sur un plat. Servez en entrée ou en apéritif.

▷*Variante :* vous pouvez faire la même chose avec des épluchures de navets ou mélanger ensemble carottes et navets.

FANES

▶ Velouté de fanes de carottes

Fanes de carottes • 2 ou 3 pommes de terre

Lavez bien les fanes sous l'eau, puis comme pour n'importe quelle soupe, mettez-les à cuire dans une casserole remplie d'eau avec les pommes de terre. Salez et poivrez au besoin. Au bout d'environ 30 minutes, la soupe devrait être cuite. Passez-la au mixeur.

Cerise

NOYAUX

▶ Liqueur de noyaux de cerise

300 à 400 g de noyaux de cerise • 1 l d'alcool de fruit de votre choix • 500 g de sucre en poudre

Enveloppez les noyaux de cerise dans un linge et cassez-les à l'aide d'un maillet. Mettez-les ensuite dans un bocal d'environ 1 l, complétez d'alcool de fruit et fermez bien à l'aide d'un couvercle. Laissez macérer pendant 3 mois. Filtrez, préparez un sirop avec le sucre et ajoutez-le à l'alcool.

PAS SI FANES !

Lorsque vous entreposez des **carottes** que vous venez d'acheter, coupez tout de suite les fanes s'il y en a et réservez-les à part. En effet, les fanes ont la propriété de ramollir très vite les carottes, un peu comme si elles en absorbaient la sève. En les coupant, les carottes resteront plus longtemps fermes et fraîches.

UN SOMNIFÈRE NATUREL !

La cerise de Montmorency est une petite cerise un peu aigre que l'on utilise surtout pour la confection des clafoutis et des liqueurs ou encore des confitures. Elle est considérée actuellement comme la meilleure source de mélatonine au monde. La mélatonine est une hormone produite par le cerveau, qui nous permet de trouver le sommeil. Si vous voulez être plus relaxé et détendu, utilisez des queues de cerises provenant de cette variété de cerise.

LA CERISE

Fruit fragile, vous choisirez les cerises avec attention. Elles doivent être rouges, brillantes, sans taches et fermes, la peau lisse et le pédoncule vert. Une fois chez vous, passez-les sous l'eau pour en retirer la poussière, mais sans les laisser tremper. Ne les conservez pas plus de 3 jours. La forte teneur en antioxydants de la cerise contribue à prévenir les maladies cardiovasculaires, les cancers et les problèmes liés au vieillissement. Elle est aussi très efficace pour atténuer la goutte, l'arthrite, l'anémie et la constipation. Elle est riche en vitamines C et E, en fibres, en glucides, en fer, calcium, magnésium, potassium et soufre.

BON À SAVOIR

Le concombre est riche en provitamine A, en vitamine C, en soufre et en silicium, mais c'est surtout sa richesse en potassium qui est la plus remarquable.

QUEUES DE CERISES

▶ Pour préparer une tisane de queues de cerises

Les queues de cerises sont un excellent dépuratif et diurétique. Elles permettent de nettoyer l'ensemble de l'organisme en éliminant les toxines accumulées dans le corps, favorisant l'élimination rénale et combattant les inflammations des voies urinaires.

À la période des cerises, récupérez suffisamment de queues que vous ferez sécher à plat et au sec, et si possible à l'abri de la lumière. Une fois bien séchées, placez-les dans un récipient hermétique et opaque (pas de plastique ni de verre transparent). Un sachet en papier kraft fera très bien l'affaire, car il protégera aussi de l'humidité.

Vous utiliserez ensuite ces queues de cerises en tisane à raison d'environ 6 queues pour une grande tasse ou un mug. Versez par-dessus de l'eau bouillante et laissez infuser 8 à 10 minutes. Cette tisane minceur favorise l'élimination de l'eau et des toxines au niveau des reins et lutte contre la rétention d'eau.

▷ *Variante :* faites tremper 1 poignée de queues de cerises fraîches dans 1 l d'eau pendant toute une nuit. Le lendemain, faites bouillir l'ensemble 4 ou 5 minutes, puis laissez infuser 20 minutes hors du feu et filtrez. Buvez cette infusion en 1 ou 2 jours (elle se conserve très bien au frais).

Concombre

ÉPLUCHURES

▶ Mon eau détox rafraîchissante

1 bonne poignée d'épluchures de concombre • 2 zestes de citron vert bio • 1 zeste de citron jaune bio • 2 brins de menthe • eau de source ou eau gazeuse

Disposez l'ensemble de façon décorative dans une grande carafe en verre et versez par-dessus l'eau. Laissez macérer 1 ou 2 heures au frais avant de servir.

▶ Soupe froide aux épluchures de concombre, yaourt et coriandre

Épluchures de 5 concombres • 1 oignon doux • 1/2 bouquet de coriandre • 2 yaourts à la grecque • 10 cl d'huile d'olive • 1 cuill. à café de curry

Congelez vos épluchures de concombre de manière à en avoir toujours en quantité suffisante. Épluchez l'oignon et émincez-le finement. Lavez et ciselez le demi-bouquet de coriandre. Réservez-en un tiers dans un récipient.

Mettez les yaourts et l'huile d'olive dans un blender. Ajoutez les épluchures de concombre décongelées, les deux tiers de la coriandre ciselée, l'oignon et le curry. Salez et poivrez. Actionnez le blender à petite vitesse, puis augmentez la vitesse. Mixez pendant 2 minutes jusqu'à obtention d'un mélange homogène. Versez la soupe dans 4 bols. Si vous souhaitez une soupe très fraîche, vous pouvez ajouter des glaçons. Décorez avec le reste de coriandre ciselée.

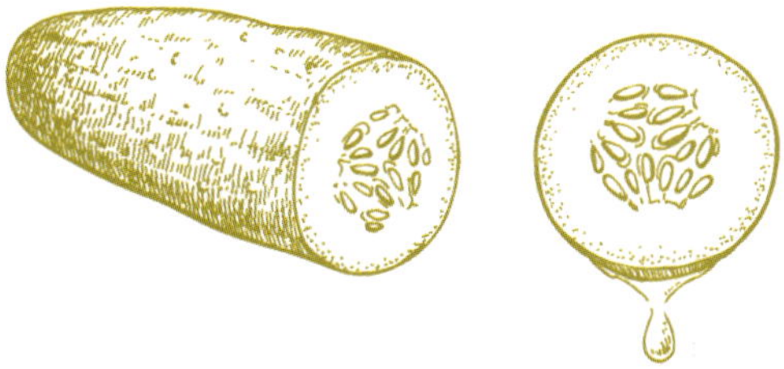

▶ *Cuisinez le concombre avec sa peau. Froid ou chaud, à la manière des courgettes, il sera savoureux.*

Fromage

CROÛTES

▶ Fondue aux croûtes de fromages

Croûtes de fromages • 25 ou 50 cl de vin blanc • pain

Ne jetez pas vos croûtes de fromages, mais placez-les plutôt dans un sac de congélation et réservez-les au congélateur. Lorsque vous en aurez suffisamment pour faire une fondue, mettez-les à décongeler. Mélangez ensemble les croûtes dans un appareil à fondue savoyarde et faites-les fondre sur le feu. Ajoutez, selon la quantité, plus ou moins d'un bon vin blanc et délayez. Lorsque tout est bien fondu, rectifiez l'assaisonnement et procédez comme pour une fondue normale en trempant des petits morceaux de pain dans le fromage.

▷ Vérifiez bien l'assaisonnement avant, car les croûtes de fromages sont toujours plus salées que le fromage lui-même.

COMMENT ÉPLUCHER LE CONCOMBRE ?

Si vous épluchez le concombre, ne le pelez jamais en commençant par l'extrémité, vous accentueriez son amertume. C'est en effet à ce niveau qu'elle est concentrée. Mais il est dommage de se priver de sa peau assez fine, très riche en vitamines et en minéraux, bien lavée et essuyée.

▶ *Fondue de fromages.*

▶ *La carotte est une excellente source de fibres.*

▶ *Rien n'est meilleur que le liège pour boucher une bouteille de vin.*

Fruits

FIBRES

▶ Galets aux fibres de fruits

Procédez de la même manière que pour les fibres de légumes (voir ci-dessous), mais rajoutez en plus au mélange 2 cuillerées à soupe de sucre roux en poudre ou 1 cuillerée à soupe de sirop d'agave. Vous pourrez les déguster en dessert avec une crème glacée ou un sorbet.

Légumes

FIBRES

▶ Galets aux fibres de légumes

Fibres de légumes • 2 ou 3 œufs selon la quantité de fibres • 2 cuill. à soupe de farine • 1 ou 2 cuill. à soupe d'huile d'olive

Ne jetez pas les fibres de légumes que vous retirez de l'extracteur une fois le jus obtenu. Récupérez ces fibres et, dans un bol, mélangez-les avec les œufs et la farine. Mélangez bien et assaisonnez à votre goût. N'hésitez pas à couper les fibres si elles sont trop longues. Mettez à chauffer l'huile d'olive dans une grande poêle. Une fois la poêle bien chaude, déposez-y de grosses cuillerées de pâte en petits tas, les uns à côté des autres, cela doit former des petits galets ronds. L'important est de bien faire saisir afin que la pâte ne s'éparpille pas dans la poêle.

▷ Ces galets vous donnent l'opportunité de mélanger une grande variété de légumes et vous procurent une bonne dose de fibres.

Liège

BOUCHONS

▶ Pour des haricots bien verts

Ne vous débarrassez plus de vos bouchons de liège (il faut qu'ils soient en vrai liège, pas en synthétique). Conservez-les pour les ajouter, à raison d'un bouchon pour une grande casserole, à l'eau de cuisson de vos haricots verts. Le bouchon en liège les empêchera de noircir en leur conservant leur belle couleur verte.

Melon et courge

De la bonne eau

Compagnon idéal des régimes d'été, ***la pastèque*** *est constituée en majorité d'eau. Elle hydrate et nourrit grâce à ses nombreux nutriments sans apporter un gramme. Exceptionnellement riche en provitamine A, en potassium et en enzymes, elle draine les reins et la vésicule, et exerce une forte action diurétique sur l'organisme.*

PÉPINS

▶ Pour préparer des graines grillées en apéritif

Ne jetez pas les graines de melon ou de courge, mais récupérez-les. Lavez-les et nettoyez-les bien en enlevant les restes de pulpe, puis essuyez-les dans un torchon. Elles doivent être débarrassées de toute humidité. Faites-les ensuite légèrement griller dans une poêle à feu doux, en remuant sans cesse. Veillez à ce qu'elles ne brûlent pas. Salez légèrement (pensez à un mélange sel et graines de sésame ou sel et algues). Vous aurez ainsi de délicieuses graines salées pour l'apéritif.

▷ *Variante :* en ajoutant à vos graines de melon et de courge des graines de sésame, de chia, de tournesol ou de soja grillées, vous créerez ainsi votre propre mélange apéritif maison.

ÉCORCE

▶ Confiture d'écorce de melon à la vanille

1 kg d'écorce de melon • 1 kg de sucre en poudre • le jus de 1 citron • 1 gousse de vanille

Enlevez la fine pellicule qui recouvre toute l'écorce de melon. Coupez-la en petits morceaux ou tranchez-la en fines lamelles et mettez-les à cuire dans une grande casserole à feu doux avec le sucre, le citron et la vanille. Comptez environ 2 bonnes heures, en remuant constamment pour que la confiture n'attache pas au fond de la casserole. Vous devez voir la confiture durcir petit à petit et se gélifier : c'est le signe que vous pouvez arrêter le feu. Laissez-la refroidir tout doucement sans couvrir avant de la mettre en pot.

▷ *Variante :* procédez de même avec l'écorce de pastèque.

LES GRAINES DE COURGE

Des recherches effectuées sur ces graines ont révélé que leur consommation était hautement bénéfique pour protéger la prostate des méfaits du temps et des maladies qui lui sont associées. Très riches en protéines, calcium, zinc, magnésium, potassium, cuivre, phosphore, provitamine A, vitamines B1 et B2, elles sont très énergisantes. Les phytostérols qu'elles contiennent protègent la prostate et le système immunitaire.

▶ *Pastèque.*

Navet

ÉPLUCHURES

► Purée aux épluchures de navets

Épluchures d'environ 20 navets selon leur grosseur • 1 cuill. à soupe d'huile d'olive • 2 bonnes cuill. à soupe de crème de soja ou d'amande à cuisiner • gruyère râpé (facultatif)

Conservez vos épluchures de navets, que vous pouvez congeler au fur et à mesure. Placez-les dans une casserole avec de l'eau et faites-les cuire à feu moyen pendant environ 30 minutes. Lorsqu'elles sont cuites, conservez l'eau à part et écrasez-les à la fourchette ou passez-les au mixeur. Ajoutez l'huile d'olive, salez et poivrez à votre convenance, puis versez la crème de soja ou d'amande. Mélangez bien de façon à obtenir une purée bien moelleuse que vous pourrez même faire gratiner en ajoutant du gruyère râpé et en passant 10 minutes au four chaud à 180 °C.

FANES

► Soupe de fanes de navets

Les fanes de navets se consomment en soupe avec des pommes de terre (voir la recette du velouté de fanes de carottes p. 9). Elles ne se conservent pas plus de 2 jours au réfrigérateur.

Oignon

PELURES

► Pour redonner de la couleur à vos crevettes

Les crevettes fraîchement pêchées prendront une belle couleur rose si vous ajoutez quelques pelures d'oignons à leur eau de cuisson.

TIGES

► Omelette aux tiges d'oignons

À la saison des oignons blancs, les longues tiges vertes qui prolongent les petits oignons sont délicieuses et très parfumées. Coupées en petits tronçons et battues avec des œufs, elles donneront une omelette savoureuse.

▷ *Variantes :* vous pourrez aussi les ajouter à des ragoûts, des couscous, des tajines, des woks, des plats de légumes mitonnés ou tout simplement les manger à la croque avec du fromage frais de brebis sur une belle tranche de pain de campagne.

LE NAVET

Pendant de nombreuses années, ce légume racine a été considéré comme un légume de pauvre. Il n'a finalement de pauvre que ses calories : 15 pour 100 g. Depuis que les scientifiques lui ont découvert des propriétés nutritionnelles exceptionnelles, et notamment anticancéreuses, il est revenu en force et on redécouvre de nombreuses variétés de navets très gustatives, mais qui étaient tombées dans l'oubli, le navet de Nancy, le navet de Milan (vendu en bottes), les petits navets primeurs… Le navet est particulièrement riche en vitamine C et en oligoéléments.

DITES-LEUR NON !

Les marchands ont souvent tendance à couper les queues au ras des **oignons** et à les jeter. Veillez à leur demander de ne pas le faire, surtout lorsque vous les achetez sur un marché.

UN GERMOIR À LA MAISON

Les graines germées d'oignon *se consomment et vous pourrez en faire germer vous-même dans votre cuisine comme n'importe quelle autre graine germée (alfalfa, radis, betterave...). Pour ce faire, procurez-vous un germoir, que vous trouverez en vente dans tous les magasins bio. Préférez plutôt ceux en terre cuite qu'en plastique. Placez vos graines dans le germoir et arrosez pour les humidifier. Refermez et attendez quelques jours, voire quelques semaines, que les graines germent et atteignent environ 2 cm pour les consommer. Vous aurez ainsi à disposition des pousses de graines germées d'oignon pour agrémenter vos salades et vos plats.*

BON À SAVOIR

Le fait de cuire **l'oignon** au four ou de le faire sauter augmente sa concentration en flavonoïdes, donc en antioxydants. Ce qui n'est pas le cas quand on le fait bouillir. Mais cuisinez-le en soupe et vous ne diminuerez pas son action antioxydante puisque vous consommerez le bouillon dans lequel il a cuit.

Pain rassis

CROÛTONS

▶ Pour se débarrasser des odeurs de chou

Lorsque vous faites cuire à l'eau du chou vert ou tout autre chou, ajoutez dans le liquide de cuisson quelques morceaux de pain rassis qui en élimineront rapidement l'odeur forte et persistante. Cela vous donnera envie de cuisiner du chou plus souvent, car l'odeur qu'il dégage en cuisant en décourage plus d'un.

▶ Le pain perdu de ma grand-mère

Croûtons de pain rassis • lait vanillé • œufs • huile • sucre en poudre ou sucre glace

Voilà encore une bonne idée de grand-mère : faire un délicieux dessert à déguster aussi bien au petit déjeuner qu'au quatre-heures. Utilisez du pain rassis (ou de la brioche, c'est encore meilleur !). Coupez le pain en tranches, trempez-les une par une doucement dans le lait vanillé, puis dans les œufs battus en omelette et placez-les dans une poêle huilée bien chaude. Les tranches doivent grésiller. Retournez-les et, une fois bien dorées, disposez-les sur un plat et saupoudrez de sucre. Grand-mère couvrait le pain perdu avec une cloche à fromage en verre, les tranches restaient alors bien moelleuses. Un vrai délice !

▶ *Tous les types de pains font l'affaire...*

PRÉVISION MÉTÉO

Le pain absorbe l'humidité ambiante et sa consistance varie en fonction de l'hygrométrie de l'air. Il peut ainsi vous annoncer, la veille, la pluie du lendemain !

► *Pour une chapelure blanche, retirez la croûte du pain.*

RESTES DE PAIN

► Pour faire de la chapelure

Voici une méthode vieille comme le monde pour avoir toujours sous la main de la chapelure lorsque vous en avez besoin. Rassemblez tous vos restes de pain rassis ou non et, au lieu de les jeter à la poubelle, placez-les au four chaud à 180 °C pendant 5 à 10 minutes. Attendez qu'ils aient un peu refroidi et réduisez-les en miettes à l'aide d'un rouleau à pâtisserie.

▷ Conservez cette chapelure dans un récipient hermétique et surtout bien au sec.

Papaye

GRAINES

► Récupérez et conservez les graines du fruit. Rincez-les sous l'eau, faites-les sécher et broyez-les. Mettez-les dans un flacon et vous aurez ainsi à disposition une excellente épice en poudre à la saveur de moutarde pour agrémenter vos plats de viande, poisson, fromages frais et vos sauces. Vous pouvez également utiliser les graines fraîches pour parfumer vos marinades et vos fromages frais.

À LA FOIS FRUIT ET LÉGUME !

***Plus la papaye** est de couleur orangée, plus elle est mûre et plus sa teneur en carotène est élevée. La papaye mûre est un fruit alors que la papaye encore verte est considérée comme un légume qui se déguste telle une courge, râpé, en salade, en purée, en soupe ou en jus.*

Pissenlit
FEUILLES

► À quelle sauce le manger…

On connaît tous la fameuse salade de pissenlits aux lardons et petits croûtons toastés, mais les pissenlits nous régalent aussi cuits en omelette, en potage, avec des pommes de terre sautées… Ses racines cuites à la vapeur ou à l'étouffée avec une fricassée d'oignon sont un plat original et délicieux. Les anciens préparaient aussi des sirops, des vins ou des confitures avec ses fleurs.

▷ Consommé cru, on le préférera jeune, aux feuilles tendres et en boutons. En plats cuisinés, les grosses feuilles conviendront mieux, mais attention, plus elles sont grosses et matures, plus elles sont coriaces sous la dent.

LE PISSENLIT

Dans le pissenlit, tout est bon. *Les racines et les fleurs s'utilisent en décoction, les feuilles et les boutons en fricassée ou en salade. Des traités médicaux du XVe et du XVIe siècle mentionnent tous ses importantes vertus thérapeutiques, principalement comme détoxifiant du sang et plante du foie. Également plante apéritive et digestive stimulant la sécrétion biliaire, le pissenlit possède de nombreuses autres propriétés curatives. En effet, il aide à soigner les problèmes de peau comme l'acné et les dartres, à lutter contre la goutte et les rhumatismes, à soulager les troubles circulatoires dus à la ménopause, les hémorroïdes ou les varices. Très riche en provitamine A, en vitamine C et en calcium, il contient aussi du magnésium, du potassium, du sodium, du fer, du soufre, du phosphore et du silicium. Et comme la nature fait bien les choses, elle nous l'offre au printemps en cure détox, pour nettoyer le sang, décrasser l'organisme et avoir une belle peau avant l'été !*

ATTENTION AUX ABUS !

Faites macérer durant un mois, dans 1 l de vin blanc de qualité, la valeur d'un mug de belles grosses fleurs jaunes de pissenlit. Puis bouchez la bouteille. Au bout du temps de macération, vous pourrez le filtrer selon que vous le préférez vieilli ou pas. Et dégustez ce vin blanc de pissenlit frais.

BON À SAVOIR

Après avoir récolté vos **pissenlits** destinés à la consommation, lavez-les, ajoutez 1 cuillerée à soupe de vinaigre à leur dernière eau de rinçage et essorez-les soigneusement. Puis conservez-les, pas plus d'une année, dans un endroit propre, à l'abri de la lumière, de préférence dans des bocaux en verre.

FLEURS DE PISSENLIT

▶ Confiture de pissenlit

370 fleurs de pissenlit • 2 oranges bio • 2 citrons bio • 1 kg de sucre brun en poudre ou cristallisé • 1 gousse de vanille

Récoltez les fleurs épanouies dans des endroits propres et préservés au maximum de la pollution. Passez-les sous l'eau en ôtant le pédoncule (la partie verte à la base de la fleur) et laissez-les sécher au soleil pendant plusieurs heures. Versez dans une bassine 1,5 l d'eau, les fleurs, les oranges et les citrons coupés en morceaux avec leur zeste. Faites cuire pendant environ 1 heure, en veillant à ce que les fleurs soient bien immergées dans le liquide. Filtrez en pressant pour obtenir un maximum de jus. Reversez ce jus dans la casserole en ajoutant le sucre et la gousse de vanille. Laissez cuire encore 45 minutes. En cours de cuisson, ouvrez en deux la gousse de vanille ramollie, raclez les graines à l'intérieur et mélangez-les à la confiture. Remettez également la gousse dans le mélange jusqu'à la fin de la cuisson. Une fois la confiture prise, versez-la doucement dans les pots. Coupez des tronçons de gousse et placez-les dans les pots ; ils continueront ainsi à aromatiser la confiture. Collez enfin de jolies étiquettes sur les pots !

RACINES

▶ Un bon café à la saveur de chicorée

Pour les personnes qui ne peuvent pas boire de café pour des raisons de santé, même décaféiné, ou pour celles qui n'en consomment pas, tout simplement, voilà un bon « succédané » de café réalisé avec des racines de pissenlit. C'est aussi une bonne recette si vous avez oublié d'acheter du café et si vous avez un jardin, ou si vous êtes isolé loin de tout à la campagne.

Lavez bien les racines de pissenlit. Au besoin, brossez-les. Coupez-les en petits morceaux, puis faites-les griller ou torréfier dans une poêle ou, mieux, dans une poêle à marrons (poêle avec des trous que l'on utilise pour griller les châtaignes). Une fois que les petits morceaux de racines sont devenus noirs ou marron foncé, réduisez-les en poudre et placez-les dans une boîte comme vous le feriez pour un café normal. Utilisez ensuite cette poudre comme n'importe quel café.

▷ Vous obtiendrez un bien meilleur café si vous réalisez celui-ci avec des racines de pissenlit récoltées au printemps en raison de la montée de la sève, bien qu'on trouve encore des pissenlits en automne et en hiver.

▶ *Moulin à café du temps de nos grands-mères.*

Poireau
RADICELLES

▶ Radicelles de poireaux à la sauce roquefort

Radicelles d'environ 10 poireaux • huile d'olive • 75 g de roquefort ou de bleu d'Auvergne • 20 cl de crème fraîche ou de crème de soja ou d'avoine à cuisiner • 3 tiges de persil ou du vert de poireau • 6 cerneaux de noix

Récupérez les radicelles et lavez-les bien. Au besoin, brossez-les, puis faites-les tremper en dernière eau de rinçage dans une eau vinaigrée pour enlever toutes les aspérités. Essuyez-les soigneusement. Versez un peu d'huile d'olive dans une poêle ou une casserole et, lorsqu'elle est bien chaude, ajoutez les radicelles coupées en quatre dans le sens de la longueur. Faites-les revenir sans cesser de remuer. Laissez-les dorer légèrement, puis baissez le feu et laissez cuire environ 15 minutes à feu doux en couvrant. Pendant ce temps, réalisez la sauce en faisant fondre à feu doux dans une casserole le fromage coupé en morceaux avec environ un quart de verre d'eau. Lorsqu'il est bien fondu, ajoutez la crème de votre choix, les tiges de persil coupées en petits morceaux ou le vert de poireau émincé finement (n'oubliez pas de le laver avant de le couper), puis les cerneaux de noix concassés. Rectifiez l'assaisonnement. Vérifiez la cuisson des radicelles : si vous pouvez les couper facilement avec la pointe d'un couteau, c'est qu'elles sont cuites. Sortez-les et placez-les sur un plat ou dans les assiettes et servez avec la sauce.

▶ *Les radicelles sont les petites racines du poireau.*

BONNE IDÉE !

Les **poireaux** cuits à l'eau seront bien plus savoureux si vous ajoutez une **carotte** dans leur eau de cuisson.

NE VOUS Y FIEZ PAS !

Qui soupçonnerait que le poireau contient autant de richesses sous ses allures de « simple » du potager ? Il est très riche en provitamine A (bêta-carotène), vitamines B6, B9, C et K, mais il contient aussi du fer, du manganèse, du cuivre, des flavonoïdes et des composés sulfurés à l'identique de l'ail et l'oignon puisqu'il appartient à la même famille, celle des alliacées. C'est un excellent diurétique grâce à ses nombreuses fibres bienfaitrices pour nos intestins.

Pomme

ÉPLUCHURES

▶ Pour éviter à une volaille de se dessécher

Les volailles cuites au four ont toujours tendance à être un peu sèches. Avec cette astuce toute simple, vous aurez non seulement une viande moelleuse, mais en plus parfumée d'un arôme subtil et délicat. Récupérez suffisamment d'épluchures de pommes au lieu de les jeter à la poubelle et fourrez-les dans votre volaille. Refermez ensuite en cousant à l'aide d'un fil alimentaire ou autre moyen de votre choix.

▶ Pour conserver le pain plus longtemps

Lorsque vous mangez une pomme, conservez vos épluchures et mettez-les dans la panière ou le sac à pain. Vos pains resteront moelleux et frais plus longtemps !

▶ Pour adoucir une choucroute trop acide

Vous avez du mal à supporter l'acidité de la choucroute et, pourtant, vous adorez ce plat ? Pas de souci, vous avez certainement une pomme sous la main ou même quelques épluchures. Placez 4 ou 5 épluchures dans la choucroute en la cuisant ou en la réchauffant et laisser mijoter doucement. Vous pourrez, si vous le désirez, laisser les épluchures dans le plat et les manger avec la choucroute sans problème, c'est même très bon !

Une pomme par jour éloigne le médecin pour toujours

Il existe de nombreuses variétés de pommes. Choisissez toujours les plus fermes, signe d'une bonne qualité. La peau des pommes renferme la plus grande partie de leur haute teneur en provitamine A. Le fruit contient également de la vitamine C, la majorité des vitamines du groupe B, du fer, du magnésium, du calcium, du phosphore, du sodium et une grande richesse en potassium qui est indispensable au bon fonctionnement cardiaque et musculaire. Le jus de pommes est laxatif, diurétique et on lui reconnaît de bonnes propriétés antirhumatismales.

▶ *Tout est bon dans la pomme !*

LA PECTINE

Cette substance est responsable de la texture ouatée et de l'aspect trouble de certains jus de fruits qui en contiennent. Elle forme un gel dans nos intestins qui draine les toxines, stimule l'activité péristaltique et équilibre le cholestérol. Remarquable par la richesse de ses antioxydants, les procyanidines des flavonoïdes que l'on retrouve dans toutes les variétés de pommes, mais aussi la catéchine, la quercétine et l'épicatéchine.

▶ Chips sucrées aux pommes

Saupoudrez de sucre et/ou de cannelle en poudre des pelures de pommes et placez-les au four chaud à 165 °C afin de les rendre légèrement craquantes.

▷ Servez-les seules ou accompagnées d'une glace à la vanille, d'un sorbet à la pomme verte ou tutti frutti au Cointreau.

▶ Rosaces de pommes au chocolat

Pelures de 4 ou 6 pommes • 1 tablette de chocolat noir à cuisiner

Pour un dessert simple, original et décoratif, lavez et pelez les pommes en commençant par le haut et en tournant autour de chaque pomme sans jamais casser l'épluchure. Une fois terminée et posée, l'épluchure se referme toute seule en formant une rosace. Préparez un chocolat liquide en faisant fondre la tablette tout doucement au bain-marie. Une fois la sauce chocolat bien liquide, trempez une à une les rosaces dans le chocolat en prenant bien soin qu'elles ne se cassent pas. Retirez-les et laissez-les sécher et durcir.

▷ Vous saupoudrerez ces rosaces de pommes au chocolat de sucre glace avant de les présenter sur un plat.

TROGNONS

▶ Pour fabriquer de la pectine

Voici comment réaliser un jus de pectine que vous pourrez conserver à part et utiliser lorsque vous ferez vos confitures. La pectine est un solidifiant naturel et un composant indispensable pour bien réussir des confitures, car c'est elle qui va éviter qu'elles ne restent à l'état liquide. Cet ingrédient se trouve à l'état naturel dans les fruits et les racines. La pomme, le coing, la groseille et la framboise sont les fruits qui en contiennent le plus.

Pour fabriquer votre pectine, mettez à bouillir dans 1 l d'eau, pendant au moins 30 minutes, les épluchures de 5 pommes avec les trognons (c'est dans les trognons qu'il y a le plus de pectine). Ajoutez le jus de 1 citron et laissez monter à ébullition. Une fois refroidi, filtrez et versez le jus dans une bouteille en verre avec un bouchon. Conservez-le jusqu'à ce que vous fassiez des confitures ou que vous ayez besoin d'un gélifiant pour vos desserts.

PETIT TRUC EN PLUS

Vous conserverez vos **pommes** plus longtemps si vous les posez à l'envers sur la queue.

▶ *Les trognons de pomme sont particulièrement riches en pectine.*

ELLE A LA PATATE

La pomme de terre, la reine des légumes d'hiver, est très riche en amidon, en protéines, ainsi qu'en calcium, magnésium, potassium, phosphore et fer pour les minéraux et en vitamines B3 et C. Elle est connue surtout pour son action antiacide au niveau de l'estomac, en cas d'acidité stomacale, de gastrite ou d'ulcère, mais ses vertus alcalinisantes ne s'arrêtent pas là. En effet, par sa richesse basique, son action alcalinisante s'étend à l'organisme tout entier. Particulièrement riche en amidon, elle remplace avantageusement les céréales, sans présenter le caractère acidifiant de ces dernières.

Pomme de terre

ÉPLUCHURES

▶ Pour des chips croustillantes

Au lieu de les jeter, vous pouvez réutiliser vos épluchures de pommes de terre pour réaliser de savoureuses chips. Procédez de la même manière que pour des chips normales. Salez et servez-les telles quelles ou en accompagnement. Brossez bien la peau et lavez-les avant de les utiliser.

▶ Attention aux pommes de terre verdies ou germées !

N'utilisez pas ces pommes de terre vertes ou verdies, car elles sont toxiques, tout comme celles qui sont germées. En effet, sous l'effet de la lumière, la pomme de terre développe un alcaloïde toxique pour l'organisme, la mélanine, ce qui lui donne cette couleur verte. Quant à celles qui sont germées, c'est une autre substance toxique, la solanine, qui se développe dans les germes.

Radis

FANES

▶ Velouté de fanes de radis

Fanes de radis • 2 ou 3 pommes de terre

Utilisez vos fanes de radis comme vous le feriez avec des poireaux ou n'importe quel autre légume vert à potage. Après les avoir bien lavées, mettez-les à cuire dans une casserole remplie d'eau avec les pommes de terre. Salez, poivrez ou apportez un autre assaisonnement de votre choix, tel que le gomasio (sel et graines de sésame) ou du sel aux algues. Comptez au moins 30 minutes de cuisson, en vérifiant si les fanes sont bien cuites, puis mixez.

▷ Vous pouvez ajouter 1 cuillerée à soupe de crème fraîche ou de crème de soja, d'avoine ou d'amande si vous êtes végétarien. C'est encore meilleur avec quelques petits croûtons de pain rassis légèrement toastés et frottés à l'ail frais.

Tomate

TROP MÛRE OU POURRIE

▶ Ne jetez pas vos tomates trop mûres ou pourries !

Ôtez simplement les quelques endroits de pourriture et, après les avoir passées sous l'eau, placez-les dans une casserole avec 1 verre d'eau et 2 cuillerées à soupe d'huile d'olive, des fines herbes, thym, laurier… Mettez à cuire tout doucement et versez ensuite dans un bocal. Vous aurez un délicieux coulis de tomate.

▷ Nos grands-mères avaient pour habitude de verser un filet d'huile d'olive sur le dessus du coulis, celui-ci formant une fine pellicule empêchant l'air d'entrer, et donc les bactéries de provoquer de la moisissure. Cette technique de conservation était bien connue des anciens et particulièrement efficace.

Vanille

GOUSSES

▶ Pour continuer à parfumer les plats

Ne jetez pas vos gousses de vanille même fendues après les avoir utilisées, car elles peuvent resservir plusieurs fois pour parfumer vos plats sans que leur puissance n'en soit diminuée. Placez-les dans une boîte hermétique après chaque utilisation.

DU SUCRE VANILLÉ

Pensez à placer **un bâton de vanille** dans la boîte à sucre. Vous aurez ainsi un sucre aromatisé à la vanille.

MAISON

L'art d'utiliser les restes
de A à Z

UN INTÉRIEUR AUX PETITS OIGNONS

Voici un domaine où les restes trouvent volontiers une seconde vie. On redécouvre avec plaisir que l'on avait sous la main bien des solutions toutes simples et économiques pour venir à bout des petits inconvénients rencontrés au quotidien dans une maison.

Banane

PEAU

▶ Pour entretenir du cuir

Frottez vos cuirs vernis, chaussures, sacs ou vêtements, avec l'intérieur d'une peau de banane et lustrez ensuite à l'aide d'un chiffon propre et doux. Ils étincelleront de mille feux !

▶ Pour nettoyer les taches de feutre sur les doigts

Frottez vos doigts avec l'intérieur d'un morceau de peau de banane et les taches vont disparaître.

Bois

CENDRE

▶ Pour faire briller les objets argentés (vaisselle, bijoux...)

Humectez de la cendre de bois avec un peu d'eau et passez-la à l'aide d'un chiffon sur les objets en argent. Frottez-les ensuite avec un chiffon propre et ils brilleront instantanément. Idéal, économique et naturel pour astiquer les couverts en argent.

▶ Pour faire briller la robinetterie

Rapide et très efficace, voici un moyen d'avoir une robinetterie toujours impeccable à peu de frais. Passez un chiffon humide avec de la cendre de bois sur vos robinets, plaques ou rebords. Vous pouvez ensuite essuyer rapidement à l'aide d'un chiffon sec pour tout faire briller.

BON À SAVOIR

La banane est le fruit le plus consommé au monde. Pour l'anecdote, son arbre, le bananier, n'est pas un arbre, mais une herbe, une herbe géante pouvant atteindre plus de 10 m de haut. Saviez-vous qu'il existe aussi des bananes légumes ? La plus connue d'entre elles est la banane plantain que l'on fait cuire et que l'on sert comme n'importe quel autre légume.

SAPINDUS, KÉSAKO ?

Les noix de lavage, que l'on utilise pour laver le linge en machine dès 30 °C, sont en fait les coquilles du fruit du sapindus, un arbre originaire de l'Himalaya. Récoltées sur le fruit à maturité, séchées puis décortiquées, au contact de l'eau, elles libèrent la saponine végétale qu'elles contiennent en quantité, produisant une mousse de savon abondante. Elles sont idéales !

▶ *Noix de lavage.*

▶ Pour éliminer les taches d'eau sur un meuble en bois

Frottez l'endroit avec un mélange de cendre de bois et d'huile de table en insistant pour bien imprégner le bois. Cela fonctionne très bien pour les taches de liquide ou les décolorations dues à une source de chaleur posée sur le meuble.

▶ La lessive de grand-mère

1 l d'eau bouillante • 1 verre de cendre fine • 1 cuill. à soupe de bicarbonate (facultatif)

Très riche en potasse, un ingrédient essentiel pour toute bonne lessive nettoyante, la cendre a toujours été réputée comme un excellent ingrédient de lessivage et décapage. Pour 1 l de lessive, comptez environ 1 verre de cendre fine et multipliez d'autant pour une grosse quantité. S'il y a des morceaux, réduisez-les en poudre. Versez ensuite l'eau bouillante sur la cendre et laissez macérer pendant 24 heures, en remuant de temps en temps. Filtrez le mélange obtenu et versez dans un bidon ou une bouteille. La lessive obtenue est un peu poisseuse et c'est tout à fait normal. Vous pourrez l'utiliser comme une lessive normale à la main ou en machine. Pour un linge sale ou qui a besoin d'être assaini et blanchi, ajoutez en plus le bicarbonate.

▷ Pensez aussi à la lessive aux noix de lavage que vous pouvez vous procurer dans les magasins bio. De plus en plus utilisée et très efficace, elle est 100 % écologique.

Café

MARC

▶ Pour déboucher les canalisations

Pour assainir, nettoyer et supprimer les mauvaises odeurs de vos canalisations d'éviers de cuisine, de lavabos ou autres, versez-y le marc usagé de votre café et laissez couler un peu d'eau froide.

▶ Pour effacer les rayures sur un meuble en bois

Rien de tel que de polir doucement des rayures faites sur du bois avec du marc de café, pour les voir disparaître sous vos yeux.

▶ Pour effacer une tache sur un meuble en bois

Massez l'endroit de la tache avec du marc de café de façon à bien imprégner le bois et combler la décoloration. Le marc de café possède la propriété de teinter le bois et est utilisé dans les cas de restauration de meubles anciens.

▶ Pour teinter ou foncer un tissu ou un vêtement

Portez à ébullition de l'eau avec du marc de café, à raison de 5 l pour un bol de marc, puis retirez du feu et trempez le vêtement dans ce mélange pendant environ 15 minutes, voire plus selon l'intensité que vous voulez obtenir.

▶ Pour chasser les mauvaises odeurs du réfrigérateur

Dans un coin du réfrigérateur, placez une coupelle avec environ 3 cuillerées à soupe de marc de café. Le marc de café est un formidable absorbeur d'odeurs.

▶ Pour stopper une invasion de fourmis dans la maison

Déposez des coupelles remplies de marc de café aux endroits stratégiques de leurs passages et vous ne les reverrez pas de sitôt. L'odeur du café les fait fuir.

Carotte

FANES

▶ Pour en finir avec les taches sur les tissus en velours

Frottez le tissu doucement, le velours étant fragile, avec des fanes de carottes placées sous une brosse. Il retrouvera vite un bel éclat !

▷ *Variante :* si vous n'avez pas de fanes de carottes, des feuilles de laitue ou des feuilles de choux feront très bien l'affaire. Une petite recommandation cependant : faites un essai sur les tissus clairs avant.

Champignon

EAU DE CUISSON

▶ Pour entretenir des objets en cuivre

Pour procurer une jolie patine à vos objets en cuivre, plongez-les dans l'eau de cuisson des champignons.

Citron

ÉCORCES

▶ Pour chasser les fourmis

Rien de plus pénible que d'héberger une colonie de fourmis à la maison ! Même si l'on aime les animaux, les fourmis ont la particularité de s'étendre très vite et d'envahir la maison, et plus particulièrement les réserves de nourriture dans les placards de la cuisine. La bonne nouvelle est qu'elles ont en horreur le citron

UN VIEUX REMÈDE

***La carotte** est la panacée pour soulager, soigner et guérir de nombreuses affections des intestins et de tout l'appareil digestif. C'est une grande source de provitamine A qui favorise le renouvellement des cellules et protège les muqueuses nasales, la gorge, les systèmes respiratoire et digestif. Elle est également riche en glucides, en minéraux (fer, potassium, magnésium, phosphore) et en vitamines E, B9, B6 et B1.*

▶ *Coings.*

L'ÉPINARD A TOUT BON !

L'épinard présente aussi de nombreux avantages au jardin, car c'est un excellent fertilisant pour les sols, mais c'est dans notre assiette qu'il livre ses meilleurs atouts. Il est plein de provitamine A, vitamines B6, B9, B12, C, E et K, de magnésium, de fer, de cuivre, de zinc, de calcium, de manganèse, de potassium et de phosphore. Il contient également de la lutéine, un caroténoïde (antioxydant) protecteur de nos yeux.

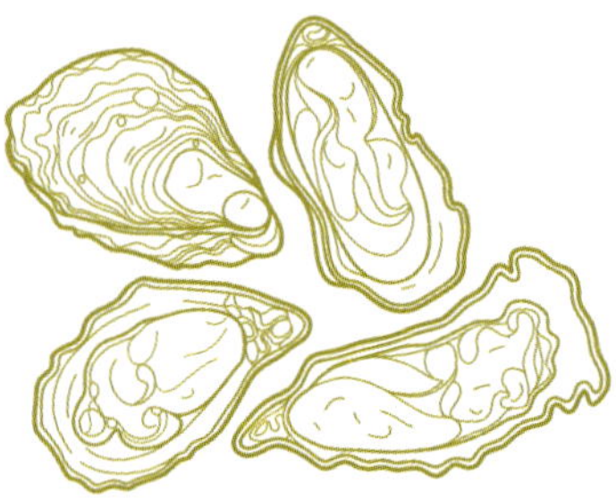

et sa puissante huile essentielle, surtout contenue dans son zeste et son écorce. Placez des écorces de citrons dans vos placards et sur leurs parcours. Non seulement elles ne tarderont pas à fuir, mais le citron va en plus diffuser une délicieuse odeur d'agrumes et désodoriser vos placards.

Coing

FEUILLES

▶ Pour éliminer les odeurs

Lorsque vous épluchez des coings, conservez les épluchures et faites-les sécher à plat dans un endroit sec et aéré. Vous les placerez ensuite dans de jolis petits sacs que vous pouvez confectionner vous-même pour les mettre dans vos armoires, placards ou tout endroit qui nécessite d'être agréablement parfumé et désodorisé.

▷ Les pelures de coing séchées conservent très longtemps un pouvoir odorant.

Épinard

EAU DE CUISSON

▶ Pour redonner de l'éclat à vos lainages

Trempez vos lainages 10 minutes dans l'eau de cuisson de vos épinards et rincez-les bien ensuite à l'eau froide.

Éponge usagée

▶ Humidificateur pour plantes vertes

Ne jetez plus vos éponges usagées, mais découpez-les en petits morceaux, mélangez-les au terreau de vos plantes vertes et arrosez copieusement. Les petits morceaux d'éponge vont s'imbiber d'eau et ainsi maintenir le terreau humide afin d'éviter que les plantes ne se dessèchent. Très pratique lorsque vous devez vous absenter quelques jours ou même quelques semaines, ou encore si vous oubliez de les arroser.

Huître

COQUILLES

▶ Pour détartrer une bouilloire

Placez une coquille d'huître bien nettoyée dans votre bouilloire et vous n'aurez plus aucun dépôt de calcaire. Par contre, pensez à la changer dès qu'elle sera recouverte de calcaire.

Mandarine et orange

ÉCORCES

▶ Pour éliminer les mauvaises odeurs du four

Après avoir fait cuire du poisson au four, une forte odeur se répand dans la cuisine. Déposez alors des pelures de mandarine ou d'orange dans le four une fois celui-ci éteint, mais encore chaud. Une agréable odeur va se répandre à la fois dans le four, mais également dans toute la cuisine.

Oseille

EAU DE CUISSON

▶ Pour nettoyer vos objets en bambou

Si vous faites cuire à l'eau des feuilles d'oseille, conservez-en l'eau de cuisson, elle va vous servir à nettoyer tous vos meubles en bambou. Cette eau de cuisson va permettre une remise à neuf assez spectaculaire de vos meubles.

▷ Évitez de faire tomber de cette eau sur un meuble en bois, car elle y ferait une tache blanchâtre. L'acide oxalique contenu dans l'oseille est décapant.

Pomme

ÉPLUCHURES

▶ Pour éliminer les odeurs nauséabondes du réfrigérateur

Rassemblez vos épluchures de pommes et disposez-en suffisamment dans une coupelle ou un petit bol à l'intérieur du réfrigérateur. Elles vont absorber très rapidement les mauvaises odeurs et laisser un parfum agréable. Observez leur texture : dès que vous voyez qu'elles commencent à se flétrir et à se déshydrater, changez-les pour de nouvelles, et ainsi de suite. Voilà un déodorisant 100 % naturel qui ne vous coûtera que le prix de 2 ou 3 pommes que vous aurez eu en plus le plaisir de manger.

▶ Pot-pourri !

Faites sécher vos épluchures de pommes naturellement à l'abri de la lumière et de la chaleur (endroit frais et aéré) ou, si vous êtes pressé, placez-les près ou sur une source de chaleur comme un radiateur. Dès qu'elles sont déshydratées soit vous les laissez telles quelles, soit vous les brisez en petits morceaux. Placez-les dans une jolie coupelle et versez dessus 2 gouttes d'une huile essentielle de votre choix (citron, lavande,

UN CONCENTRÉ DE VITAMINES

Riches en vitamine C et en fer, les feuilles d'oseille doivent leur âcreté à la présence d'acide oxalique. Diurétique et laxative, elle est prescrite dans les cures dépuratives de printemps. En usage externe, et associée à d'autres plantes, elle traite les affections cutanées telles que les eczémas et certaines formes de psoriasis ou d'acné. On déconseille cependant aux personnes souffrant de calculs rénaux, de goutte et de rhumatismes d'en consommer.

▶ *Oseille.*

géranium rosat, bois de rose…). Vous pourrez aussi placer une coupelle dans vos armoires pour en chasser les mites ou en prévention. Dans ce cas-là, l'huile essentielle de lavande s'impose.

BON À SAVOIR

1 ou 2 épluchures de pommes de terre placées dans un paquet de tabac éviteront à celui-ci de sécher, l'épluchure servant d'humidificateur.

Pomme de terre

EAU DE CUISSON

▶ Pour éliminer des taches de boue sur un tissu

Trempez le vêtement dans l'eau de cuisson de pommes de terre et frottez doucement. Les taches partent instantanément.

▶ Pour faire briller les verres et les carafes en verre et en cristal

Trempez-les dans de l'eau de cuisson de pommes de terre, puis essuyez-les avec un chiffon doux. Ils seront étincelants comme jamais !

▶ Pour entretenir un sol carrelé

Rincez vos sols carrelés avec de l'eau de cuisson de pommes de terre. Une fois par mois suffit pour les entretenir et leur procurer une belle patine.

ÉPLUCHURES

▶ Pour détartrer vos casseroles

Mettez à bouillir dans votre casserole des épluchures de pommes de terre dans de l'eau pendant environ 15 minutes. Tout tartre aura disparu. Vous pouvez procéder de même avec la bouilloire électrique.

▶ Pour nettoyer le conduit d'une cheminée

Si vous jetez des épluchures de pommes de terre sur des braises chaudes dans l'âtre, la fumée qui va s'en dégager décollera toute la suie du conduit comme par magie.

▶ Pour amorcer un feu de cheminée

Conservez vos épluchures de pommes de terre pour démarrer facilement un feu de cheminée ou un poêle à bois. Faites-les sécher et conservez-les dans un endroit bien sec afin de les utiliser dès que vous aurez besoin d'allumer un feu.

▶ Pour nettoyer les verres et les carafes en verre et cristal

N'hésitez pas à les frotter avec des épluchures de pommes de terre pour les faire étinceler. La fécule de pomme de terre est aussi incomparable pour faire briller le cristal et le verre.

▶ *Les épluchures de pomme de terre ont des vertus nettoyantes insoupçonnées.*

Rhubarbe
FEUILLES

▶ Pour éviter que les casseroles ne s'abîment trop vite

Frottez vos casseroles neuves avec des feuilles de rhubarbe pour qu'elles ne noircissent pas à l'usage.
▷ Si vous n'avez pas de rhubarbe, utilisez des feuilles d'oseille qui feront le même effet grâce à l'acide oxalique contenu également dans l'oseille.

▶ Pour détartrer une bouilloire

Placez 1 ou 2 feuilles de rhubarbe dans la bouilloire, ajoutez de l'eau et faites bouillir. Votre bouilloire sera impeccable.

Tomate et pomme de terre
ÉPLUCHURES

▶ Pour assainir vos toilettes sèches

Les épluchures de tomates et de pommes de terre, jetées dans les toilettes sèches, détruisent les insectes qui y prolifèrent.

LES TOILETTES SÈCHES OU À LITIÈRE

Les toilettes sèches sont on ne peut plus écologiques. De conception très simple, le matériel peut aller du seau (en Inox de préférence) à un grand bac en bois muni d'une lunette de toilette. Le principe est qu'à chaque passage, on verse une quantité de litière sèche (un seau rempli de litière et muni d'une pelle doit toujours être à disposition), puis lorsque le récipient est plein, on le déverse dans le compost qui servira d'engrais. Avoir des toilettes sèches demande toujours d'avoir également un bac à compost.

FRUIT IDÉAL EN MAI-JUIN

***La rhubarbe** est le seul légume connu que l'on utilise comme un fruit ! Les feuilles ne se consomment pas, car elles sont toxiques. Ce que l'on prépare, ce sont les grosses tiges rougeâtres avec lesquelles on fait des tartes, de la confiture ou encore de la compote, sans oublier le fameux vin de rhubarbe.*

▶ *Attention, les feuilles de rhubarbe sont toxiques à la consommation.*

SANTÉ

L'art d'utiliser les restes de A à Z

À FOND LA FORME !

Utiliser ses restes, c'est bon pour la santé, surtout en ce qui concerne les végétaux puisque leurs peaux sont un concentré de vitamines et de minéraux, et en plus, c'est écologique.

Ail

PELURES

▶ Tisane de pelures d'ail contre les affections respiratoires hivernales

Comme stimulant immunitaire et protecteur de tout le système cardiovasculaire, l'ail est très efficace pour nous protéger des affections hivernales. Consommez-le régulièrement dans votre alimentation, de préférence cru, car cuit, il perd une grande quantité de ses propriétés tout en gardant sa saveur, appréciée par beaucoup pour relever bon nombre de plats. On oublie souvent ses pelures, que l'on jette à tort, car elles recèlent une part impressionnante des nutriments de l'ail, dont la précieuse quercétine.

Conservez vos pelures d'ail et placez-les dans un récipient fermé, à l'abri de l'humidité et de la lumière si possible. L'idéal est un pot en terre cuite du type de ceux que l'on vend pour garder les gousses d'ail elles-mêmes. Achetez-en deux et, dans l'un d'eux, vous placerez toutes vos pelures une fois l'ail consommé.

▷ Pour une tisane express, prélevez 1 pincée de pelures que vous mettrez dans un mug et versez de l'eau bouillante par-dessus. Laissez infuser 5 à 10 minutes selon la force de la tisane que vous voulez. Ajoutez 1 cuillerée à café de miel et dégustez. Les microbes n'ont qu'à bien se tenir !

LA QUERCÉTINE

C'est le pigment (l'un parmi les 4 000 connus à l'heure actuelle) le plus actif de la famille des flavonoïdes. Son action est complémentaire à celle de la vitamine C et c'est elle qui est responsable des propriétés exceptionnelles du thé vert, du ginkgo biloba, de l'oignon, de la pomme, du millepertuis et de l'ail.

Artichaut

FEUILLES

▶ Pour nettoyer le foie et la vésicule biliaire

Ne jetez pas les feuilles d'artichaut, mais après les avoir coupées en petits morceaux, préparez une décoction en les mettant dans une casserole avec de l'eau. Portez à ébullition 3 minutes, coupez le feu et laissez infuser également 3 minutes, puis filtrez et buvez-en 3 tasses par jour, dont une avant le dîner. Cet élixir diurétique dégorge le foie et facilite les sécrétions biliaires. En bonus, il contribue à abaisser aussi le taux de mauvais cholestérol et d'urée.

Banane

PEAU

▶ Pour éliminer vos verrues

Découpez un petit morceau de peau de banane et appliquez le côté intérieur sur la verrue. Maintenez en place à l'aide d'un sparadrap. Renouvelez jusqu'à disparition complète de la verrue. La peau de banane est très efficace pour éliminer les verrues rapidement.

▶ Pour soulager les démangeaisons

Appliquez un morceau de peau de banane à l'endroit de la démangeaison et celle-ci disparaîtra bien vite. L'intérieur de la peau de banane est adoucissant.

▶ Pour soigner et faire mûrir un furoncle

Découpez un morceau de peau de banane et appliquez-le côté intérieur sur le furoncle. Maintenez en place à l'aide d'un pansement et remplacez deux fois par jour jusqu'à mûrissement et disparition complète. L'intérieur de la peau de banane est un désinfectant.

▶ Pour soigner les engelures

Appliquez un morceau de peau de banane à l'endroit des engelures et vous sentirez immédiatement un soulagement de la douleur. Celles-ci cicatriseront très vite. L'intérieur de la peau de banane est adoucissant.

MINE DE RICHESSE

***La banane** contient des glucides, des fibres, des minéraux (fer, calcium, potassium, magnésium) et des vitamines B6, B9, B3 et C qui luttent contre les infections. Riche en amidon et en potassium, elle est connue pour soulager les maux d'estomac, prévenir les ulcères, arrêter la diarrhée et soulager les crampes. Elle renferme aussi de la pectine qui favorise les mouvements naturels des intestins, possède un pouvoir anti-diarrhéique et régule le transit intestinal grâce à ses fibres. Utilisée en cas d'inflammation de l'intestin grêle, elle permet de lutter efficacement contre la colibacillose.*
Reminéralisante grâce à sa teneur en calcium et autres minéraux, elle est particulièrement conseillée aux sportifs avant et après l'effort.

PETIT SOUCI DIGESTIF ?

*Ne consommez que des **bananes** bien mûres, elles sont alors plus faciles à digérer. Très mûre, la banane contrôle la diarrhée et améliore la gastrite, les ulcères et l'acidité alors qu'à peine mûre ou encore verte, elle produit l'effet inverse et peut se montrer très laxative.*

BON À SAVOIR

Rien de tel que le froid et l'humidité pour provoquer des engelures aux mains et aux pieds. Ces petites craquelures de la peau apparaissent à la suite d'une vasoconstriction des extrémités, due au froid.

Carotte

FANES

▶ Pour soigner les engelures

Mettez à bouillir 1 bonne poignée de fanes dans 50 cl d'eau pendant 10 minutes et filtrez le liquide obtenu. Imprégnez-en des compresses et appliquez-les sur les engelures. Elles vont cicatriser rapidement en faisant disparaître la douleur.

Céleri

EAU DE CUISSON

▶ Pour soigner les engelures

Baigner vos mains ou vos pieds dans l'eau de cuisson de céleri sera d'un réconfort sans pareil et surtout soulagera la douleur des engelures et même les guérira. N'hésitez pas à renouveler l'opération. Mettez suffisamment d'eau pour cuire vos céleris, elle se conservera ensuite 2 ou 3 jours au réfrigérateur dans un récipient hermétique. Et mangez du céleri, c'est bon pour la santé et révise à la baisse le taux de mauvais cholestérol.

UTILE AUX VIEUX MARIS

***Connu depuis l'Antiquité sous le nom d'« ache odorante », le céleri** a toujours été utilisé pour ses nombreuses vertus comme remède, puis en cuisine. Diurétique, détoxifiant, stimulant du système nerveux, antiasthénique et antirhumatismal, il était utilisé au Moyen Âge pour soulager les maux de dents et contre les maladies des os ou de l'appareil urinaire. On le surnommait même « la vigueur des vieux maris » en lui reconnaissant aussi certaines vertus aphrodisiaques.*

Cerise

NOYAUX

► Pour soulager vos rhumatismes

Conservez vos noyaux de cerise nettoyés et séchés. Lorsque vous en aurez obtenu la valeur d'un bol, vous les placerez à l'intérieur d'une poche en tissu assez épais. Dès qu'un problème articulaire se fait ressentir, placez cette poche 2 minutes au micro-ondes pour la réchauffer et appliquez-la ensuite sur les endroits qui vous font souffrir, reins, dos, nuque, genoux… Vérifiez avant que cela ne soit pas brûlant. Les noyaux de cerise retiennent la chaleur très longtemps et en permettent une bonne répartition.

► Pour éviter les désagréments du mal de mer

Si vous souffrez du mal de mer, lorsque vous embarquez, ayez soin d'avoir toujours avec vous quelques noyaux de cerise. Sucez-en un comme vous le feriez d'un bonbon, sans l'avaler bien sûr. Vous ne devriez ressentir aucun malaise.

QUEUES

► Pour soulager les jambes lourdes

Faites infuser assez longtemps 1 grosse poignée de queues de cerises séchées dans 2 l d'eau bouillante, puis versez-la dans une bassine et rallongez avec de l'eau froide pour obtenir une température confortable pour vous. Trempez-y vos pieds environ 20 minutes.

▷ Ce bain soulage aussi très bien les crises de goutte.

CONTRE LES MIGRAINES

Les cataplasmes de cerises appliqués sur le front sont très efficaces contre le mal de tête.

Chou

FEUILLES

Utilisez le gros chou vert aux feuilles épaisses et charnues. Prenez toujours soin de bien laver les feuilles sous une eau tiède et de bien les essuyer avant de les utiliser en soin. Il vaut même mieux les tremper 2 ou 3 minutes dans une eau vinaigrée pour être sûr qu'elles soient bien propres. Bio ou non, les choux subissent en effet de nombreuses manipulations de leur récolte à leur arrivée sur les étals. Cette étape est inutile s'ils proviennent de votre jardin et si vous les cultivez bien sûr sans pesticides ni engrais chimiques.

▷ Pour toutes les recettes qui suivent, les feuilles de chou vert utilisées sont crues. Dans le cas contraire, cela est précisé.

LES VERTUS DU JUS DE CHOU VERT

Peu calorique, le jus de chou est très riche en nutriments essentiels et en antioxydants (flavonoïdes, phénols…). Il est depuis longtemps déjà classé parmi les aliments anticancéreux.

▶ Pour soulager et soigner les ulcères variqueux

Appliquez des cataplasmes de feuilles de chou à l'endroit des ulcères et maintenez en place à l'aide de bandages. Au préalable, lavez les feuilles de chou sous une eau tiède et essuyez-les. C'est un vieux remède utilisé par nos grands-mères qui a fait ses preuves. Renouvelez les applications jusqu'à la guérison complète.

▶ Pour soulager les rhumatismes

Après avoir lavé les feuilles de chou sous l'eau, essuyez-les et placez-les sous vos plantes de pieds toute une nuit en les maintenant avec des chaussettes. Renouvelez jusqu'à ce que les rhumatismes disparaissent, ce qui ne devrait pas tarder.
▷ Cette recette fonctionne aussi très bien pour les crises de sciatique et le mal de dos ou de reins, mais sans chaussettes !

▶ Pour soulager l'arthrite et l'arthrose

Réchauffez des feuilles de chou dans un four à 200 °C pendant 5 minutes. Aplatissez-les ensuite à l'aide d'un rouleau à pâtisserie et appliquez ce cataplasme sur les zones douloureuses pendant au moins 2 heures, en maintenant le tout à l'aide d'un bandage.

▶ Pour soulager un mal de ventre

Après les avoir lavées sous l'eau et essuyées, allongez-vous et recouvrez votre ventre avec de grosses feuilles de chou chauffées au fer à repasser, puis appliquez une serviette éponge par-dessus et restez bien au chaud environ 15 minutes, jusqu'à ce que la douleur disparaisse. Renouvelez au besoin.
▷ Dans le cas d'un mal de ventre dû à des règles douloureuses, ce remède soulage énormément.

▶ Pour soulager une crise de cystite

Procédez de la même manière que pour le mal de ventre, excepté que vous appliquerez les feuilles sur le bas-ventre.

▶ Pour soulager des hémorroïdes douloureuses

Appliquez un petit cataplasme de feuilles de chou à l'endroit (ne pas chauffer). Renouvelez au besoin jusqu'à ce que la douleur s'apaise et que cela cicatrise.

▶ Pour apaiser un mal de tête

Appliquez 1 ou 2 feuilles de chou sur la nuque, le front et la tête, et maintenez en place à l'aide d'un bonnet ou de bandages.

▶ Pour pallier l'engorgement du foie et du système digestif

Appliquez un cataplasme de feuilles de chou à l'endroit du foie et de la vésicule biliaire, et maintenez à l'aide d'un bandage ou d'une large ceinture. Vous ne devriez pas tarder à en ressentir

UN REMÈDE VIEUX COMME LE MONDE

Les feuilles de chou vert utilisées en cataplasmes font des miracles depuis toujours et apportent un soulagement à de nombreux maux. Plein de vitamines, minéraux et de chlorophylle purifiante, le chou vert apaise les muqueuses fragilisées et restaure la flore intestinale. De par sa composition, il favorise une bonne cicatrisation des plaies et des ulcérations de toutes sortes, aussi bien internes qu'externes.

▶ *Choux verts.*

▶ *Chou de Milan.*

UN PETIT COUP DE FER ?

Remède incontournable de nos grands-mères, il arrivait qu'elles passent un rapide coup de fer à repasser sur les grosses feuilles de chou afin de les rendre plus souples à appliquer, avant de les chauffer. Le remède était alors plus agréable, surtout sur les articulations et le ventre (conseillé). Sinon, elles utilisaient aussi le rouleau à pâtisserie pour assouplir les feuilles et briser les grosses nervures, ce qui avait pour effet de libérer le précieux suc contenu dans les nervures pour une action encore plus rapide au contact de la peau.

les effets. Renouvelez au besoin.
▷ Ces mêmes cataplasmes fonctionnent aussi très bien sur les coups, bosses, les douleurs aux genoux…

Haricot vert

FILS

▶ Pour soulager les œdèmes

Récupérez les fils des haricots verts et faites-les sécher à plat, au sec et à l'abri de la lumière. Ils vont rapidement sécher et vous pourrez les mettre dans un récipient hermétique. Vous aurez ainsi une bonne tisane tonicardiaque à utiliser en cas d'œdèmes. Un traitement diurétique (tisane de queues de cerises) ou tonicardiaque (tisane de fils de haricots verts) est efficace. Faites infuser 1 cuillerée à café de fils de haricots dans un mug ou une grande tasse.
▷ Les œdèmes sont une infiltration d'eau sous la peau due le plus souvent à une insuffisance cardiaque ou rénale. Ce sont des affections graves qui requièrent l'avis d'un médecin avant tout traitement.

Laitue

EAU DE CUISSON

▶ Pour soulager les insomnies et la nervosité

Mettez à cuire des feuilles de laitue dans une casserole remplie d'eau froide. Prenez celles que vous avez tendance à jeter : les grosses feuilles vertes extérieures. Une fois la laitue cuite, filtrez l'eau et buvez-en un grand verre le soir avant de vous coucher. La laitue renferme une substance fortement sédative, le lactucarium.
▷ L'eau de cuisson peut se conserver 48 heures au réfrigérateur dans un récipient hermétique, mais évitez le plastique qui risquerait de faire « tourner » le liquide.

Melon
ÉCORCE

► Pour apaiser les brûlures légères (ou de coups de soleil)
L'écorce du melon peut vous soulager de façon efficace en apaisant quasi instantanément le feu de la brûlure ou du soleil, et surtout en vous évitant l'apparition de cloques et par la suite de vilaines cicatrices. Récupérez les écorces de melon et découpez-les afin d'obtenir une surface assez plane. Vous appliquerez le côté chair à même la peau à l'endroit de la brûlure. N'hésitez pas à maintenir avec un bandage si l'écorce ne s'applique pas bien. Dès le contact, vous allez en ressentir les bienfaits immédiats. Laissez en place jusqu'à ce que l'écorce soit chaude, puis retirez-la et remplacez-la par une autre. La pulpe et l'écorce du melon absorbent rapidement la chaleur, ce qui évite l'apparition des cloques. Par chance, si l'on peut dire, la saison où l'on consomme du melon coïncide avec la saison chaude et les expositions au soleil.
▷ Pour les brûlures légères, classiquement, on refroidit la lésion sous l'eau froide du robinet ou d'une pomme de douche pendant 10 à 15 minutes. Ce geste peut être poursuivi plus longtemps si la douleur se manifeste à nouveau.

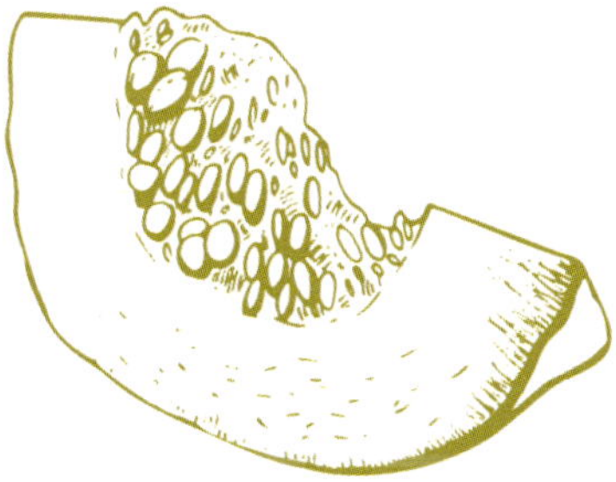

LES VERTUS DU MELON

Ce fruit regorge de vitamines, de minéraux, d'enzymes et de sucres naturels. C'est la charge importante de potassium qui lui procure son exceptionnel pouvoir drainant. Il est bien pourvu aussi en calcium, fer, sodium, soufre, zinc, cellulose, provitamine A, vitamines B1 et C.

EN PRÉVISION DES COUPS DE SOLEIL DE L'ÉTÉ

Récupérez vos écorces de melon et mettez-les dans un sac plastique au réfrigérateur 3 ou 4 jours au maximum. Vous en aurez ainsi à disposition, et de plus, elles seront encore plus fraîches pour les applications.

BON À SAVOIR

Avez-vous déjà remarqué cette odeur et saveur forte que dégage **le melon** en mûrissant ? En fait, plus le melon mûrit, plus il produit de l'éthanol, un alcool qui en altère le goût et l'arôme. Ce n'est pas dangereux à condition de ne pas y être allergique !

FRAÎCHEUR ET CONSERVATION GARANTIES !

Si vous voulez conserver vos œufs dans les meilleures conditions et le plus longtemps possible, laissez-les dans leur boîte d'origine qui les préserve des odeurs, mais surtout assurez-vous qu'ils sont tous bien posés sur le bout pointu. Ainsi, la chambre à air qui se trouve à l'opposé (bout arrondi) n'est pas comprimée et le jaune se retrouve bien au centre.

Œuf

COQUILLES

▶ Pour soulager une carence en calcium et autres minéraux

Voici un remède que nos grands-mères avaient l'habitude de donner aux enfants pour les fortifier en cas d'anémie ou simplement en complément alimentaire pour favoriser leur croissance. Choisissez un œuf de poule le plus frais possible. Nettoyez-en bien la coquille et essuyez-la doucement. Attention à ne pas casser l'œuf. Placez-le dans un verre rempli d'eau de source, couvrez le verre de façon à ce qu'il n'y ait pas de poussière ou autre chose qui tombe dedans, puis laissez reposer toute une nuit. Au matin, retirez l'œuf et donnez l'eau du verre à boire.

▷ La coquille de l'œuf est constituée entre autres de calcium, et pendant la nuit, les minéraux et bien sûr le calcium se sont déposés dans l'eau. Une façon naturelle de se reminéraliser à peu de frais !

PEAU INTÉRIEURE

▶ Pour soigner une ampoule

Voilà un remède simple, très efficace non seulement pour soigner et faire disparaître rapidement les ampoules, mais également pour les petites blessures et les brûlures, les coupures et les piqûres d'insectes. Prélevez la peau intérieure d'un œuf, celle qui se trouve entre la coquille et le blanc d'œuf, et appliquez-la sur la plaie en couvrant largement. N'hésitez pas à mettre plusieurs couches l'une sur l'autre. Posez un pansement par-dessus pour maintenir le tout en place. Dans le cas d'une ampoule, conservez ce pansement toute une nuit.

Oignon

EAU DE CUISSON

▶ Pour soulager les rhumatismes

Lavez 3 ou 4 oignons avec leurs pelures. Mettez-les dans une casserole et faites-les cuire à l'eau sans les éplucher pendant environ 15 minutes. Filtrez le bouillon et buvez-en un verre le matin à jeun et un autre le soir au coucher.

▷ Le jus se conserve très bien, 4 jours au maximum au réfrigérateur dans un récipient hermétique.

PELLICULE INTÉRIEURE

▶ Pour apaiser les plaies, coupures et boutons

Il s'agit de la petite peau fine et transparente qui se trouve entre les tranches d'oignon. Décollez doucement cette peau qui agit comme un antiseptique et un désinfectant puissant. Appliquez-la à l'endroit de la plaie ou de la coupure, n'hésitez pas à en mettre plusieurs couches l'une sur l'autre. Cette fine pellicule colle bien à la peau même sans rajouter de pansement protecteur. Renouvelez au besoin dans la journée, mais vous n'allez pas tarder à voir la blessure se cicatriser.

▷ Cette délicate pellicule fait également des merveilles sur les imperfections de la peau et sur les boutons.

Orange et citron

ÉCORCES

▶ Pour faciliter la digestion

Dans une casserole d'eau froide, mettez des écorces d'orange et de citron non traités, puis portez à ébullition pendant environ 7 ou 8 minutes. Coupez le feu et laissez-les macérer toute une nuit dans la casserole. Buvez ensuite un bon verre du jus obtenu le matin à jeun.

▷ Ce jus se conserve très bien 3 ou 4 jours au réfrigérateur.

LES VERTUS DU CITRON

Le citron renferme beaucoup de vitamine C (surtout consommé rapidement après avoir été pressé) et également de la provitamine A, des vitamines B et E. Il contient aussi de la pectine ainsi que des minéraux et des oligoéléments, potassium, calcium, magnésium, sodium, fer. C'est un excellent stimulant du système digestif, qui favorise le transit et constitue même un coupe-faim naturel. Sa forte teneur en acide citrique et en vitamine C fait de lui un purificateur de l'organisme, notamment du foie et des reins.

L'OIGNON EST UN MÉDICAMENT !

Qu'il soit blanc, jaune ou rouge, c'est à la fois un légume et un condiment précieux possédant de multiples propriétés médicinales dont la médecine commence aujourd'hui seulement à en découvrir toute l'importance. L'oignon possède un très fort pouvoir antioxydant qui aide à lutter contre de nombreuses affections. Bactériostatique consommé frais, il bloque la prolifération microbienne et joue un rôle antibactérien. Il dissout l'acide urique et lutte contre les infections grâce à ses sels de soude et sa potasse, et ce, tout en alcalinisant le sang.

BON À SAVOIR

L'orange nous apporte notre quota d'antioxydants et de vitamines. Elle nous donne de la vitalité et de l'énergie avec sa provitamine A, ses vitamines B, C, E et K, ses flavonoïdes et ses acides aminés.

REMÈDE AFRICAIN

*L'utilisation des pépins de **pamplemousse** fait partie de la médecine traditionnelle dans les pays africains. Ils sont tout simplement mâchés longuement et servent à prévenir et à guérir de nombreuses affections.*

► *Plat ou frisé, le persil est tout aussi efficace.*

Pamplemousse

PÉPINS

► L'extrait de pépins

Tout est bon dans le pamplemousse et surtout les pépins, très riches en flavonoïdes à la puissante action antioxydante. À partir de ces pépins, on fabrique un extrait liquide extrêmement efficace et très polyvalent, qui permet de soigner, aussi bien en interne qu'en externe, les infections des voies respiratoires, les gingivites, la turista ou les infections fongiques. Antibiotique et antibactérien, il renforce le système immunitaire, protège contre le stress oxydatif et accroît notre résistance et notre vitalité. Sous forme de petit flacon, cet extrait de pépins de pamplemousse est disponible dans tout bon magasin bio.

Persil

TIGES

► Pour soulager les piqûres de moustiques

Les tiges de persil que vous n'utilisez pas vous aideront à calmer rapidement et efficacement les démangeaisons dues aux piqûres de moustiques. Faites-les cuire à l'eau dans une casserole jusqu'à ébullition, puis coupez le feu. Retirez et laissez refroidir avant de les appliquer à l'endroit en maintenant en place à l'aide d'un pansement jusqu'à ce que la douleur ait complètement disparu.

LES VERTUS DU PERSIL

Le persil est un légume bien que nous le considérions comme une herbe aromatique. Ses sucs sont très puissants et concentrés. Le persil possède une importante action sur le foie qu'il nettoie, mais aussi sur la rate ainsi que sur les poumons, les reins et la vessie. C'est aussi un bon stimulant sanguin. Riche et fortifiant, il nous offre un véritable cocktail de provitamine A, vitamines B1, B2, B3, B6, E et C, et aussi des minéraux.

Poireau

EAU DE CUISSON

▶ Une boisson diurétique et amincissante

Lorsque vous faites cuire des poireaux à l'eau, ne jetez pas le liquide de cuisson, mais transvasez-le dans une bouteille en verre (et non en plastique) et conservez-la au réfrigérateur pas plus de 4 ou 5 jours. Buvez 1 à 3 tasses par jour, c'est un excellent diurétique contre la rétention d'eau et les problèmes des reins et de la vessie.

▷ Cette eau de cuisson est aussi très reminéralisante pour l'organisme à tout moment de l'année.

Pomme

ÉPLUCHURES

▶ Pour un sommeil apaisant

Conservez vos pelures de pommes en les faisant sécher légèrement, environ 10 minutes dans un four chaud, mais éteint. Rangez-les ensuite dans un pot en verre fermant hermétiquement. Vous pourrez les consommer comme tisane sédative environ 1 heure avant de vous coucher, à raison de 1 poignée de pelures pour 1 l d'eau bouillante ou 2 ou 3 pelures, selon leur grosseur, pour un mug.

▶ Une tisane relaxante

Voilà une agréable tisane aux réels effets relaxants et invitant au sommeil. Ses vertus, elle les doit à la pomme et à son action sédative, grâce à sa grande richesse en glucides et en quercétine. C'est la Golden qui possède le plus de vertus somnifères.

▷ Vous pourrez placer les épluchures séchées dans une jolie boîte à infusion ou un pot en verre décoratif, car celles-ci, sont assez décoratives.

BON À SAVOIR

Pour faire sécher rapidement vos épluchures de **pommes**, disposez-les sur la plaque du four et laissez à 165 °C durant une quinzaine de minutes en surveillant que cela ne brûle pas. Les peaux vont se rider, puis se déshydrater. Retirez dès que vous observez ce phénomène et laissez refroidir un peu.

▷ Vous en prélèverez 1 pincée (soit 5 ou 6 épluchures) et la placerez dans une théière en versant environ 50 cl d'eau par-dessus. Laissez infuser 15 minutes et dégustez. Cette tisane gourmande est particulièrement agréable le soir avant le coucher. Pensez à sucrer avec 1 cuillerée à café de miel.

REMÈDE MIRACLE !

Contre un coup de froid ou en prévention de la grippe et des maux hivernaux, cette tisane est particulièrement recommandée. Sucrez-la avec du miel de thym ou d'eucalyptus et ajoutez-y un petit morceau de gingembre frais et/ou 1 pincée de cannelle. ***Pomme-cannelle-gingembre*** *est un mélange préventif détonant contre les affections des voies respiratoires et un bon stimulant immunitaire.*

LA POMME DE TERRE

La pomme de terre est riche en potassium, un minéral empêchant la formation des calculs.

Pomme de terre

ÉPLUCHURES

▶ Pour soulager et prévenir les calculs biliaires

Faites bouillir 1 bonne poignée d'épluchures de pommes de terre (les pelures d'environ 3 pommes de terre) dans 1 l d'eau. Coupez le feu et laissez infuser environ 15 minutes. Filtrez et buvez cette décoction tout au long de la journée en cure de 8 jours.

▶ Pour soulager les rhumatismes

Utilisez la même décoction que pour les calculs biliaires et buvez au maximum 3 tasses par jour avant chaque repas.

▶ Pour soulager une brûlure

Lors d'une petite brûlure, appliquer des épluchures assez épaisses de pommes de terre dessus absorbera la chaleur, évitera les cloques et les cicatrices, et fera disparaître la douleur. Pensez à renouveler les épluchures dès qu'elles sont très chaudes.

▶ Pour soigner une coupure

Posez une épluchure côté chair à l'endroit de la coupure et maintenez en place au minimum 1 heure. La coupure doit se refermer et la douleur disparaître.

▶ Pour soulager une entorse

Si vous souffrez d'une foulure ou d'une entorse, les épluchures de pommes de terre vous seront d'un grand secours. Entourez votre cheville ou tout autre endroit douloureux avec une quantité épaisse d'épluchures et maintenez à l'aide d'un bandage pendant plusieurs heures. L'idéal est de conserver le bandage toute une nuit.

Radis

FANES

▶ Pour soulager les cystites et les calculs biliaires

Le jus de fanes de radis était utilisé par le passé pour soulager les cystites et faire passer les calculs. Lavez simplement les fanes de radis et passez-les à l'extracteur. Buvez le jus obtenu tous les jours pendant 10 jours.

Tomate

FEUILLES

▶ Pour soigner les piqûres de moustiques

Frottez l'endroit de la piqûre avec des feuilles de tomates fraîches et la démangeaison cessera aussitôt.

GARE AUX MOUSTIQUES !

Il n'y a pas que la tomate qui soulage instantanément la douleur et l'irritation d'une piqûre d'insecte. Un peu de jus de ***poireau*** *extrait en pressant une grosse feuille est aussi efficace.*

BEAUTÉ & BIEN-ÊTRE

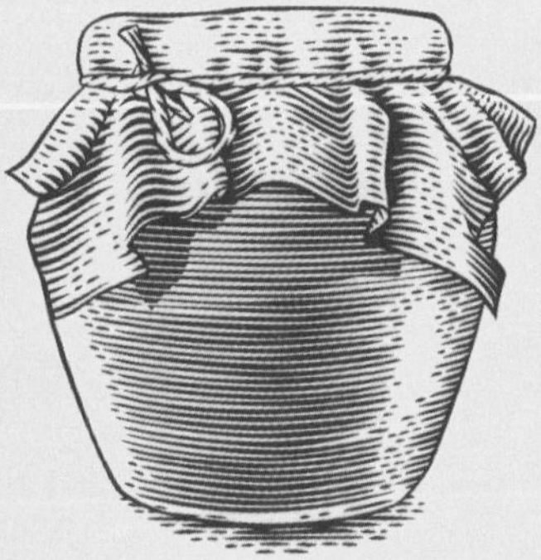

L'art d'utiliser les restes
de A à Z

DES RESSOURCES INSOUPÇONNÉES

Vous serez surpris de découvrir que les épluchures ou les eaux de cuisson, riches en nutriments, peuvent très bien remplacer des produits démaquillants ou hydratants, des antirides, des lotions tonifiantes ou adoucissantes, des gommages ou des masques pour le visage et le corps. Ces déchets de cuisine apportent des solutions originales, saines et de loin plus économiques aux petits soucis d'hygiène quotidiens et pour la beauté.

Ananas

PEAU

▶ Adoucissant corporel

L'ananas est réputé être extrêmement adoucissant pour la peau et agir plus particulièrement sur les zones rugueuses et desséchées du corps comme les genoux, les coudes ou les talons. Il le doit à une enzyme qui lui est propre, la broméline. Celle-ci est particulièrement active et procure à l'ananas de puissantes propriétés nettoyantes, adoucissantes et régénératrices pour les peaux fatiguées, ridées ou abîmées.

▷ Frottez doucement votre corps avec un morceau d'écorce d'ananas assez épais, fraîchement coupé. C'est encore plus efficace et plus pratique si vous le faites sous votre douche.

PASSEPORT SANTÉ

L'ananas *est un véritable cocktail de minéraux (magnésium et potassium en quantité appréciable, manganèse et cuivre), broméline, vitamine C, provitamine A et vitamines du groupe B (plus particulièrement B1 et B6). Peu énergétique, avec pas plus de 60 kcal pour 100 g, l'ananas est très souvent associé au régime minceur, mais attention, sa teneur en sucre est la plus élevée de tous les fruits. Il favorise une bonne digestion et réduit l'inflammation des muqueuses.*

C'EST UNE HERBE !

L'ananas, originaire du Paraguay et du Brésil, est une plante herbacée d'environ 1,20 m de haut. Ce n'est pas un fruit, mais une multitude de petites baies réunies autour d'un axe central terminé par un plumet. Le fruit possède ainsi 100 à 200 yeux !

BIEN CHOISIR L'ANANAS

Préférez les fruits lourds, fermes sans être durs, de couleur uniforme et sans tache, mais la couleur n'est pas un signe indicateur, car même un ananas vert peut très bien être mûr. Le feuillage doit être vert et les feuilles se détacher facilement. Le signe le plus sûr est l'arôme : sentez-le !

PLANTEZ VOS NOYAUX D'AVOCAT

Conservez vos noyaux d'avocat pour les planter dans des pots en terre avec un terreau basique. Au bout de quelque temps, chaque noyau vous donnera une belle plante verte, facile d'entretien. Mais pensez à bouturer la tige afin que la plante s'étoffe, sinon vous risquez de n'avoir qu'une grande tige.

► Pour régulariser un excès de séborrhée et revitaliser une peau atone

Très riche en enzymes et minéraux, l'ananas régénère le tissu cutané, purifie et élimine les impuretés. Coupez en morceaux la peau qui se trouve à l'intérieur d'un ananas, directement après l'écorce, et appliquez-la sur votre visage. Laissez reposer environ 15 minutes (profitez-en pour vous relaxer au calme), puis rincez à l'eau tiède et vaporisez-vous ensuite avec de l'eau fraîche. Essuyez-vous le visage.

► Pour réhydrater des pieds desséchés

Faites un bain de pieds. Dans une bassine, versez 2 grands verres de jus d'ananas que vous aurez vous-même eu soin de passer à l'extracteur. Il est important, pour la réussite de cette recette, que ce soit du jus fait maison. Allongez avec 3 ou 4 l d'eau tiède. Trempez vos pieds environ 20 minutes dans ce bain très relaxant. Ne rincez pas vos pieds, mais essuyez-les doucement afin de conserver tous les bénéfices de ce bain de jouvence. Vous allez constater l'extrême douceur de votre peau et l'effet dure quelque temps. Renouvelez ce bain dès que vous en ressentez le besoin.

BIEN DANS SA PEAU

*Les acides gras essentiels, les vitamines C, E et les autres nutriments contenus dans **l'avocat** réunissent la palette d'antioxydants, d'antibactériens et d'antirides nécessaires à la peau pour rester jeune et atténuer les rides. Empêchant la croissance des bactéries responsables de l'acné, il hydrate, accélère la cicatrisation (particulièrement des brûlures) et aurait même la propriété d'absorber sur la peau les effets néfastes des rayons UV.*

Avocat

PEAU

► Pour des mains et des pieds doux

L'avocat possède d'excellentes vertus régénérantes et adoucissantes pour l'épiderme. Récupérez les peaux d'avocat et frottez vos mains et/ou vos pieds avec l'intérieur de la coque. Enfermez chacun ou chacune dans un petit sac plastique pendant environ 20 minutes. Une fois les sacs ôtés, essuyez-les doucement, vous serez surpris par la douceur de la peau.

Café
MARC

▶ Gommage doux pour le visage

Le marc de café constitue un excellent produit de gommage pour le visage et même le corps. Vous pouvez l'appliquer seul sur le visage en gommant doucement par de petits mouvements circulaires ou le mélanger avec un lait démaquillant de votre choix. Rincez-vous bien ensuite le visage à l'eau claire et fraîche.

▶ Pour entretenir la couleur des cheveux foncés ou masquer des cheveux blancs

Comme vous pouvez vous en douter, le marc de café fonce les cheveux clairs, renforce la teinte brune des cheveux foncés et couvre les cheveux blancs ou gris des chevelures brunes. Pour couvrir des cheveux blancs qui apparaissent, renouvelez l'opération régulièrement, car la teinte, comme toute teinture naturelle, s'estompe avec le temps et les shampooings.
Après le shampooing, appliquez sur la chevelure du marc de café en massant pour imprégner les cheveux, puis laissez poser environ 15 minutes et rincez soigneusement pour éliminer tous les petits grains. En séchant, vos cheveux prendront une belle teinte brune et gagneront en douceur.

▶ Pour gommer la cellulite

La caféine est connue depuis longtemps pour agir sur les capitons formés par la cellulite. Cela fonctionne bien à condition de se montrer persévérant et de surveiller aussi son alimentation. Mais au bout de 8 jours, à raison d'une fois par jour, vous constaterez une amélioration de la texture de la peau, qui sera plus lisse, plus douce, et les capitons commenceront à s'estomper.

▷ Massez-vous avec 3 cuillerées à soupe de marc de café mélangé avec 1 cuillerée à soupe d'huile d'amande douce. Augmentez ces proportions au besoin.

▶ Pour ôter les odeurs tenaces sur les mains

Certaines odeurs, comme celles de l'oignon ou de l'ail, imprègnent durablement les doigts et les mains. Pour en venir à bout, utilisez un peu de marc de café que vous avez sous la

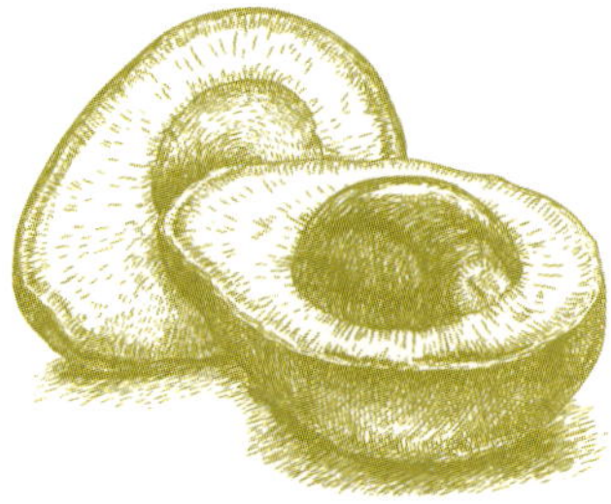

CATAPLASME ANTICELLULITE

*Mélangez 2 cuillerées à soupe de **marc de café** (soit 2 dosettes usagées) avec 1 cuillerée à soupe d'huile d'olive. Étalez ce mélange sur les zones à traiter et enveloppez à l'aide d'un film plastique pour bien tenir l'ensemble. Conservez-le environ 30 minutes en vous relaxant, puis rincez. Répétez 2 ou 3 fois par semaine ce cataplasme qui vous étonnera par ses résultats. L'efficacité de la caféine est reconnue pour gommer la « peau d'orange ».*

main. Malaxez le marc entre vos doigts et massez-vous bien les mains avec, puis rincez et toute odeur aura disparu. Le marc de café est un formidable absorbant d'odeurs de toutes sortes et un puissant dégraissant.

▶ Pour éliminer les callosités

Nous connaissons tous plus ou moins l'inconvénient d'avoir des callosités, surtout sur les talons, mais également au niveau des genoux ou des mains. Ce phénomène est un épaississement de l'épiderme dû, la plupart du temps, à des frottements répétés. Pour les pieds, le fait de marcher pieds nus assez souvent y est pour beaucoup. En mélangeant 1 bonne cuillerée à soupe de marc de café avec 1 cuillerée à soupe d'un lait corporel, et en frottant avec ce mélange les parties concernées, vous obtiendrez de bons résultats et verrez bientôt disparaître toutes les callosités.

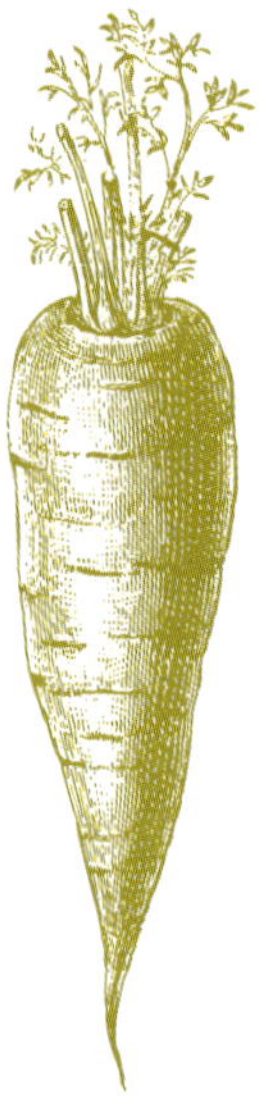

Carotte

ÉPLUCHURES

▶ Pour préparer un masque régénérant

Récupérez environ 2 bonnes poignées d'épluchures de carottes et faites-les cuire à l'eau dans une casserole. Lorsqu'elles sont cuites, écrasez-les à la fourchette et mélangez-les avec la pulpe récupérée à l'intérieur d'un citron pressé. Ajoutez 1 jaune d'œuf (bio) et mélangez bien. Appliquez sur votre visage environ 30 minutes. Allongez-vous pour plus de facilité et profitez-en pour vous relaxer. Enlevez ensuite le mélange et rincez-vous à l'eau fraîche. N'oubliez pas également de vous essuyez le visage. Vous allez constater aussitôt la différence : votre teint est plus lumineux et frais.

Chou

EAU DE CUISSON

▶ Pour avoir une lotion stimulante

Conservez l'eau de cuisson de vos choux. Placée au réfrigérateur, vous l'utiliserez dans les 3 jours. À l'aide d'un coton, vous l'appliquerez sur le visage le matin pour réveiller votre peau, au cours de la journée pour la nettoyer, avant d'appliquer de nouveau votre crème de jour, et le soir pour la débarrasser des impuretés. Bref, elle stimulera et régénérera votre peau à tous moments.

BON À SAVOIR

Les bienfaits de l'eau de cuisson est la même pour tous les **choux** (verts, rouges, brocolis, blancs, chinois, raves...). Versez-la dans un récipient type flacon.

Cresson
EAU DE CUISSON

▶ **Pour lutter contre la chute des cheveux**

Lorsque vous cuisinez du cresson, conservez son eau de cuisson refroidie ou tiédie pour vous frictionner le cuir chevelu avant le shampooing. Puis après votre shampooing, utilisez le reste en dernière eau de rinçage pour renforcer le traitement. Faites cela une fois par semaine pendant au moins un mois avant le shampooing.

▶ **Pour atténuer les taches de rousseur**

Imbibez un coton d'eau de cuisson de cresson et passez-le sur vos taches de rousseur pour les voir s'atténuer. Passez-le plusieurs fois en laissant sécher entre les applications et recommencez régulièrement.

Coing
PÉPINS

▶ **Pour apaiser une peau irritée**

Les pépins de coing macérés 5 ou 6 jours dans 1 verre d'eau de source constituent une excellente lotion apaisante pour les peaux irritées et sensibles.

Kiwi
ÉPLUCHURES

▶ **Pour effacer les taches brunes sur la peau**

Il reste souvent de la chair du fruit sur les pelures. Ne jetez pas celles-ci et profitez-en pour vous frotter le dessus des mains et des avant-bras avec, là où les taches apparaissent avec l'âge et le vieillissement de la peau. Laissez sécher et n'hésitez pas à recommencer aussi souvent que possible. De plus, l'arôme du kiwi vous laissera un délicieux parfum sur les mains.

▷ Le kiwi a la particularité de réguler la production de mélanine (pigment de couleur brune, synthétisé par des cellules de la peau).

HUILE DE PÉPINS DE KIWI

Il existe une huile faite à partir des pépins de kiwi. Vous la trouverez en vente dans les boutiques diététiques et les magasins bio. Très riche et nourrissante, elle possède d'excellentes propriétés protectrices et régénératrices du tissu cutané. Elle est tout particulièrement indiquée pour les peaux sèches et matures, dont elle ralentit le processus de vieillissement.

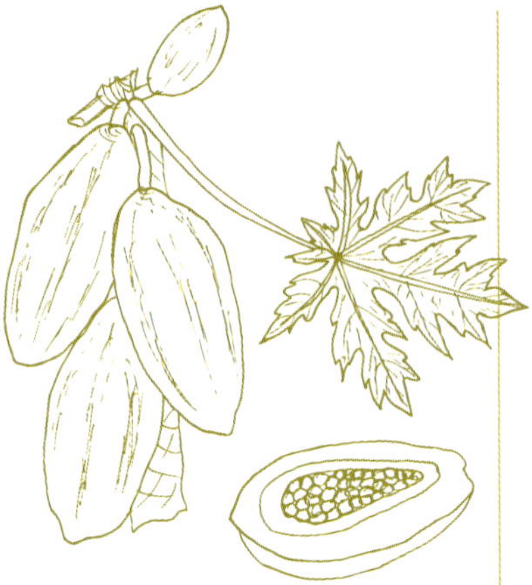

▶ *Papaye.*

EXCELLENT POUR LA SANTÉ

La papaye est un fruit intéressant du point de vue nutritif, son jus savoureux et assez semblable à celui de la mangue. Une teneur en vitamine C exceptionnelle associée à la provitamine A décuple son action protectrice. S'ajoute à cela une enzyme, la papaïne, qu'elle possède en propre. De nombreux minéraux (potassium, magnésium, phosphore, fer et zinc) en font un fruit excellent pour la santé. Sa peau renferme une grande partie de ces précieux nutriments et également son enzyme. Plus le fruit est mûr, plus elle en contient.

Laitue

EAU DE CUISSON

▶ Pour lutter contre les imperfections et les boutons disgracieux

Utilisez l'eau de cuisson de vos laitues comme lotion pour nettoyer et assainir votre visage, et surtout faire disparaître toutes les petites imperfections et les boutons disgracieux.

Oignon

PELURES

▶ Pour avoir de beaux reflets auburn ou cuivrés

Faites une décoction de pelures d'oignons jaunes, soit 3 ou 4 bonnes poignées dans 1,5 l d'eau. Portez à ébullition et laissez refroidir en couvrant. Utilisez ensuite cette eau en dernière eau de rinçage sur vos cheveux. Laissez sécher ensuite vos cheveux naturellement. Ce rinçage agira aussi comme fortifiant en raison de la richesse en nutriments de l'oignon et surtout son pigment phare, la quercétine.

▷ Pour des reflets cuivrés, utilisez des oignons rouges plus riches en pigments.

Papaye

PEAU

▶ Pour faire un masque rafraîchissant

Après avoir mangé le fruit épluché, ne jetez pas la peau, mais réduisez-la en bouillie en la passant au mixeur, puis mélangez-la avec 1 blanc d'œuf (bio). Ajoutez 1 cuillerée à café de jus de citron ou de pulpe récupérée dans l'écorce d'un citron pressé et 2 cuillerées à café de crème fraîche. Mélangez bien et placez le mélange 15 minutes au réfrigérateur avant de l'appliquer sur le visage. Laissez reposer 1 heure et rincez-vous ensuite à l'eau fraîche. C'est un véritable masque de jouvence !

Poireau

EAU DE CUISSON

▶ Pour donner de jolis reflets bruns à vos cheveux

En dernière eau de rinçage, utilisez de l'eau de cuisson de poireaux. Répartissez-la bien sur toute la chevelure afin de bien l'imprégner et laissez sécher.

Pomme

ÉPLUCHURES

▶ Une lotion tonique et rafraîchissante pour le visage

Récupérez 1 bonne poignée d'épluchures de pommes et autant d'écorces d'orange. Placez-les dans une casserole avec 1 l d'eau. Portez à ébullition, puis coupez le feu et laissez infuser environ 15 minutes. Filtrez et laissez complètement refroidir. Versez ensuite le liquide dans une bouteille en verre, si possible. Vous l'utiliserez comme une lotion pour le visage. Son arôme de pomme-orange est étonnant. Cette lotion se conserve 3 jours au maximum, bien bouchée, au réfrigérateur.

Pomme de terre

EAU DE CUISSON

▶ Pour couvrir les premiers cheveux gris

Récupérez 2 l d'eau de cuisson de pommes de terre non épluchées. C'est le pigment contenu dans la peau qui va permettre de masquer les cheveux gris ou blancs. Laissez refroidir l'eau et versez-la sur vos cheveux après le shampooing en dernier rinçage. N'hésitez pas à en reverser plusieurs fois en imprégnant bien la chevelure et laissez sécher. Vous devrez répéter l'opération régulièrement, mais cela donne de bons résultats.

Riz

EAU DE CUISSON

▶ Pour un après-shampooing nourrissant

Lorsque vous faites cuire du riz à l'eau, conservez son eau de cuisson riche en amidon que vous verserez sur vos cheveux en dernier rinçage comme après-shampooing. Laissez vos cheveux sécher sans rincer. Cette eau est très riche et protectrice de la gaine du cheveu qu'elle lisse.

Thé infusé

FEUILLES

▶ Pour gommer vos cernes

Placez des feuilles de thé infusées sous vos yeux ou sur les paupières en cas de fatigue ou de cernes. Cette méthode ancienne a fait ses preuves et reste toujours parmi les plus efficaces pour défatiguer les yeux.

ÉGALEMENT EFFICACE POUR LE CORPS

La pomme possède des propriétés astringentes et raffermissantes. En utilisant la lotion ci-contre pour le corps, vous contribuerez à un raffermissement de l'épiderme (évitez toutefois la peau des seins qui est trop fine et sensible). De plus, cette lotion est parfaitement désodorisante au cours d'une longue journée et idéale sur les pieds après une longue marche.

JARDIN & ANIMAUX

L'art d'utiliser les restes de A à Z

TOUT SE RECYCLE

Rien ne se perd prend ici encore plus de sens puisqu'au jardin, au fil des saisons, tout se recycle naturellement. Les feuilles, graines ou branchages tombés au sol se désagrègent pour redevenir humus et nourrir la terre qui redonnera bientôt de nouveaux végétaux.

Ail

PELURES

▶ Pour vermifuger les poules et les canards

Avoir des poules, c'est bien, surtout qu'elles font de plus en plus d'adeptes, mais vous devez savoir que ces animaux ont besoin d'être vermifugés encore plus que nos animaux familiers, surtout en raison de leur hygiène de vie. L'ail est un dépuratif et vermifuge puissant et naturel. Récupérez vos pelures, qui conviennent aussi bien que les gousses, et parsemez-les dans leurs mangeoires et aux endroits où elles vont picorer. Elles picoreront ainsi les pelures d'ail qui les débarrasseront régulièrement de leur vermine.

▶ Pour chasser les pucerons et autres indésirables

Lorsque vous épluchez de l'ail, conservez les pelures qui peuvent vous rendre bien des services. En l'occurrence, parsemez-les aux pieds des rosiers. Les pucerons vont fuir à toutes pattes !

Ananas

PEAU

▶ Pour enrichir le compost

N'oubliez pas qu'une fois utilisée, la peau de l'ananas sera bienvenue dans le compost si vous en avez un.

BON À SAVOIR !

Les anciens pensaient que **l'ail** prolongeait la vie, les récentes découvertes démontrent aujourd'hui tout le bon sens de cette sagesse populaire. Au vu de l'étendue de ses applications et surtout dans le domaine cardiovasculaire, on comprend mieux que l'ail pris régulièrement contribue à vieillir dans de bonnes conditions.

TOUT EST BON DANS LE BANANIER

Le bananier est un engrais exceptionnel pour toutes les plantes. N'hésitez pas à les enterrer tels quels dans la terre de vos plantations de printemps ou alors découpez-les en petits morceaux.

Banane

PEAU

▶ Un engrais pour les rosiers

N'hésitez pas à enfouir vos peaux de banane aux pieds des rosiers pour les renforcer, les nourrir et procurer un bel éclat aux roses. Elles feront également fuir les pucerons si vous en avez.

▶ Pour nettoyer et lustrer les feuilles des plantes vertes d'intérieur

Les plantes vertes d'intérieur ont la fâcheuse habitude de fixer la poussière sur leurs feuilles et il devient ensuite difficile de la détacher. Utilisez l'intérieur d'une peau de banane et frottez-la sur les feuilles. La poussière va se décoller instantanément et vous n'aurez plus qu'à passer ensuite un chiffon doux pour les lustrer.

BIENFAITS INSOUPÇONNÉS DE LA BANANE

***La banane** nous rend bien des services. Sa peau fournit un fantastique engrais aux plantes et à tous les végétaux, les débarrassant par la même occasion de leurs parasites et de leurs nuisibles. Mais loin de s'arrêter là, elle soulage les démangeaisons, soigne les bobos, élimine les verrues… Elle nettoie, fait briller, dépoussière, ravive…*

Bois

CENDRE

▶ Pour éloigner les limaces et les escargots

Récupérez de la cendre dans la cheminée ou dans le poêle et faites un cercle autour du pied des plantes. Les gastéropodes ne s'y risqueront pas. Pensez à renouveler cette barrière à chaque fois qu'il a plu, car l'eau emportera la cendre. Mais la recette reste néanmoins très efficace.

▶ Pour servir d'engrais

Lorsque vous enlevez la cendre du foyer de la cheminée, pensez à la répartir sur la terre dans votre jardin. Riche en calcium et en phosphore pour tous les végétaux, elle constitue un bon engrais. Mettez-en aussi à la base des arbres.

▶ Pour éloigner les parasites dans le poulailler

Si vous avez des poules, vous devez savoir qu'elles sont victimes en permanence de nombreux parasites. Un moyen naturel de les aider à s'en débarrasser est de mélanger à parts égales de la cendre de bois avec du sable et d'en remplir un grand bac dans un coin du poulailler. Attirées, les poules iront se rouler dedans, faisant fuir les parasites.

Café

MARC

▶ Pour faire de l'engrais

Tous les 15 jours environ, répartissez du marc de café sur le terreau de vos plantes vertes. Excellent engrais naturel, il les fortifiera.

▶ Pour une germination réussie

Pour donner à vos haricots toutes les chances de bien démarrer, faites-les germer au préalable dans du marc de café humide.

▶ Pour éliminer les pucerons

Mélangez du marc de café dans la terre des plantes atteintes et, s'il y a une grosse invasion, mettez-en aussi sur les feuilles. Ils vont tous fuir, car les pucerons ont horreur de l'odeur forte de la caféine.

Chou

FEUILLES

▶ Pour lutter contre les vers des fraisiers

Aux pieds de vos fraisiers, enterrez quelques feuilles de chou que vous aurez préalablement coupées en petits morceaux. Elles feront fuir les vers blancs qui ont l'habitude de s'attaquer à vos fraises. Si vous n'avez pas de chou, mais des épluchures de navets, elles feront le même effet.

BON À SAVOIR !

Lorsque le sol est verglacé ou recouvert de neige dure et glacée, répandez de la **cendre** de cheminée sur le sol. Bien plus économique que d'acheter des sacs de sel à déneiger, la cendre produit exactement le même effet et, de plus, elle empêche le verglas de prendre et accélère la fonte de la neige.

UN TERREAU MOINS ACIDE

Conserver vos coquilles d'huîtres après les avoir lavées. Lorsque vous aurez besoin de corriger l'acidité de votre sol au jardin ou même en jardinière, broyez-en 4 ou 5 et laissez reposer toute une nuit dans un arrosoir rempli d'eau. Au matin, filtrez et arrosez vos plantations avec cette eau enrichie en calcaire. Le pH de votre terreau sera beaucoup plus équilibré.

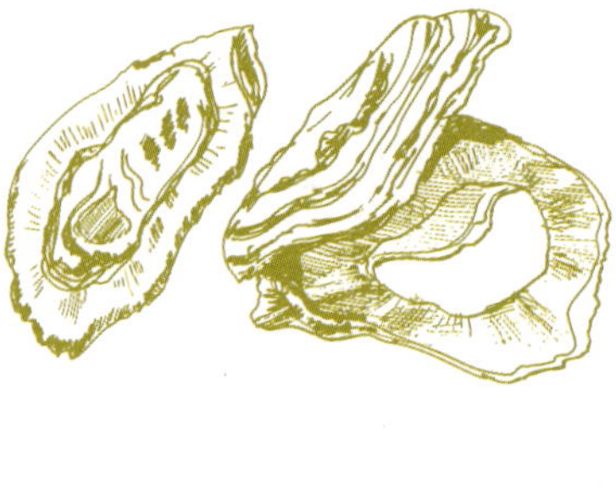

Crevette

CARCASSES

▶ Pour nourrir les poissons rouges

Ne jetez pas vos carcasses de crevettes lorsque vous en mangez, mais écrasez-les finement ou broyez-les au mixeur. Elles constitueront un repas délicieux et fortifiant pour vos poissons d'aquarium.

Fruits et légumes

FIBRES

▶ Pour faire de l'engrais

Ne jetez plus les fibres de fruits et de légumes récupérées de l'extracteur une fois votre jus obtenu. Mélangez-les plutôt au terreau de vos plantes en pot ou au jardin, elles constitueront un excellent engrais naturellement riche en minéraux.

Huître

COQUILLES

▶ Un fortifiant pour les gallinacées

Si vous avez des poules au jardin ou sur votre terrasse (c'est de plus en plus d'actualité !) et que vous souhaitez qu'elles vous fassent de beaux œufs avec un jaune bien nourrissant, alors conservez vos coquilles d'huîtres et broyez-les à l'aide d'un marteau afin de les réduire en poudre la plus fine possible. Mettez-en dans le bac à nourriture de vos poules, elles vont se jeter dessus. Les coquilles d'huîtres, c'est du calcium à l'état pur et un bon fortifiant pour vos petits gallinacés.

Légumes

ÉPLUCHURES

▶ Le pot-au-feu de toutou !

Savez-vous que vous pouvez réaliser un délicieux pot-au-feu pour votre animal rien qu'avec les épluchures de vos légumes (carottes, pommes de terre, navets, poireaux…) que vous faites mijoter à feu doux ? Surtout, ne mettez pas d'oignon, d'ail, de sel, d'épices ni de poivre. Demandez à votre boucher 1 ou 2 gros os moelleux qu'il jette d'habitude et plongez-les dans le bouillon. Laissez cuire l'ensemble jusqu'à ce que tout soit bien cuit, puis laissez refroidir et servez une bonne part des épluchures avec du bouillon (il adore ça !) et, comble de bonheur, laissez-lui un os à moelle qu'il va « décaper et rogner » à souhait en se pourléchant les babines !

▷ Ce pot-au-feu se conserve 3 jours au réfrigérateur.

Litière usagée

▶ Pour éliminer les taupes

Voilà une solution radicale et des plus économiques pour chasser les taupes de votre jardin, sans les tuer ! Au lieu de jeter la litière usagée à la poubelle quand vous changez le bac de votre chat, allez la verser dans les taupinières du jardin et vous ne les reverrez pas de sitôt.

Maïs

EAU DE CUISSON

▶ Pour fortifier les plantes vertes et les rosiers

Lorsque vous faites cuire des épis de maïs à l'eau, conservez leur eau pour arroser vos rosiers et vos plantes d'intérieur. C'est un bon fortifiant.

FEUILLES

▶ Pour obtenir un engrais fertilisant

Récupérez les feuilles de maïs lorsque vous cuisinez les épis et réduisez-les en poudre le plus finement possible. Versez-les dans une casserole avec environ 1 l d'eau et portez à ébullition environ 15 minutes, puis laissez refroidir. Vous allongerez avec 2 ou 3 l d'eau selon vos besoins en arrosage. Cette eau sera riche en minéraux et favorisera la floraison de vos plantes à fleurs.

Noyer, fougère ou menthe

FEUILLES

▶ Pour éloigner les puces et les tiques

Placez des feuilles de noyer ou de menthe fraîches, ou encore des feuilles de fougères séchées sous le coussin, dans les panières de vos animaux de compagnie. Puissamment révulsives, ces feuilles feront fuir les puces, tiques et autres indésirables.

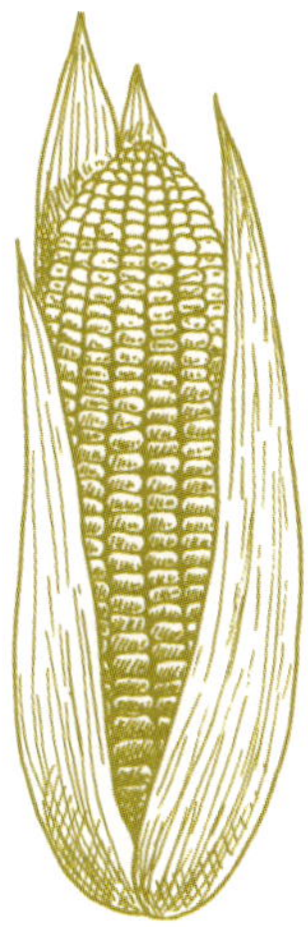

MON COMPOST 100 % MAISON !

Dans un coin au fond du jardin, bien à l'abri, placez un bac en bois dans lequel vous jetterez des déchets végétaux (feuilles mortes...), du marc de café... N'oubliez pas aussi d'y mettre quelques peaux de bananes, car elles ont la particularité d'accélérer le compostage.

SEMIS EN COQUILLES D'ŒUFS !

Conservez vos boîtes d'œufs et des coquilles d'œufs pas trop brisées pouvant servir de récipients. Ces godets accueilleront un peu de terreau où planter des graines. La coquille est poreuse et laissera passer le trop-plein d'eau. Dès que les pousses seront prêtes à être plantées, brisez doucement les coques pour laisser passer les racines et plantez-les avec les pousses auxquelles elles serviront d'engrais.

Œuf

COQUILLES

▶ Pour éloigner les limaces et escargots

Conservez vos coquilles d'œufs et écrasez-les grossièrement. Elles vont vous permettre de réaliser une barrière tout autour des pieds des plantes afin d'empêcher les limaces et les escargots de les dévorer.

▶ Pour réaliser un fertilisant

Vous pouvez aussi piler vos coquilles d'œufs et les placer au pied de vos plantations, cela constituera un excellent engrais et enrichira votre terreau.

▷ Les coquilles d'huîtres sont également un excellent engrais.

EAU DE CUISSON

▶ Pour avoir un engrais minéralisant

Récupérez l'eau de cuisson lorsque vous faites cuire des œufs durs ou à la coque, laissez-la refroidir et versez-la dans vos plantes vertes. C'est un merveilleux engrais riche en minéraux.

Oignon

PELURES

▶ Pour lutter contre les moisissures des végétaux

Conservez vos pelures d'oignons pour réaliser une décoction avec 2 ou 3 bonnes poignées de pelures dans 2 l d'eau froide. Portez à ébullition pendant 10 minutes et coupez le feu. Faites infuser encore 15 minutes et laissez refroidir. Filtrez. Vous pourrez ensuite arroser ou pulvériser cette décoction sur vos plantes, vos arbres et tous vos végétaux (fruits et légumes). Les moisissures n'y résisteront pas.

Orange

ÉCORCES

▶ Pour faire fuir les taupes du jardin

Si vous avez un jardin, ne jetez plus vos pelures d'orange, mais répartissez-les autour des taupinières ou à l'intérieur, elles feront fuir les taupes dans un autre jardin...

▷ L'huile essentielle d'orange est très puissante et incommodante pour de nombreux animaux.

Poisson

EAU DU BOCAL

▶ Pour avoir un engrais fertilisant

Plutôt que de vider l'eau du bocal de votre poisson rouge dans l'évier lorsque vous changez l'eau, utilisez-la pour arroser vos plantes de jardin, de balcon ou d'intérieur. C'est un fantastique engrais naturel. Faites la même chose pour l'eau d'un aquarium, d'eau douce ou d'eau de mer.

Pomme

ÉPLUCHURES

▶ Pour nourrir vos plantes et chasser les insectes

Les épluchures de pommes nourrissent vos plantes vertes ou de jardin. Coupez-les en petits morceaux et parsemez-les dans le terreau, puis arrosez copieusement. Elles ont aussi l'avantage de faire fuir les insectes et surtout les petits vers blancs qui dévorent les racines des plantes et que vous ne voyez pas, car ils sont enfouis dans la terre.

Pomme de terre

EAU DE CUISSON

▶ Pour éliminer les mauvaises herbes

Voici une recette qui a fait ses preuves par le passé puisque ce fut la recette la plus utilisée par les anciens pour venir à bout des mauvaises herbes. Elle est très simple : il vous suffit, lorsque vous faites cuire des pommes de terre à l'eau, de verser l'eau de cuisson sur les mauvaises herbes dans le jardin. La solution est radicale.

▶ Pour éliminer les pucerons

Si vos rosiers ou vos plantes sont victimes des pucerons, arrosez-les avec l'eau de cuisson de vos pommes de terre cuites à l'eau. Les pucerons n'y résisteront pas et ne reviendront pas de sitôt.

INDEX

Crédits des illustrations

Abréviations : h = haut ; b = bas ; c = centre ; g = gauche ; d = droite.

© Shutterstock : ph. Marija Piliponyte 4, Angorius 5, 6, 8, 32, 46, Sketch Master 7, 19, 23cd, 35hd, 37, 43hd, 45hd, 51, 55, Epine 11hg, La puma 11bd, Sukonta 12h, Spasiblo 12b, logaryphmic 13h, 39, Vitdes 13b, Margarita Miller 15, 16h, SOMMAI (2photos) 16b, Paola Crash17, melazerg 18h, Miss Fortuna 18b, BestPhotoPlus 20, Ariusz Nawrocki 21, LvashenkoRoman 22cd, lenaalyonushka 22bg, Olga Lobareva 23b, 57, bioraven 23hd, Pylypchuk 24, urfin 25, mongione 26, digieye 27cd, BlackAkaliko 27bd, Melnikof 28hg, Catherine Glazkova 28bg, Analgin 29hd, Dagmara-K 29bd, Indigolohos 30, Morphat Creation 31, Monash 33, AVA Bitter 35bg, Anna Kucherova 36, Marharyta Kovalenko 38bd, KateMacate 40, aniok 42h, korsaralex 42b, PROJEKTOGRAF 43, ivelly 45c, Airin.dizain 45b, andrey oleynik 49h, 58h, MoreVector 49b, Hein Nouwens 50, Foxyliam 52, Cache-Cache 53, lynea 54, ieronium 56, Alena Kaz 58b, any intaravichian 60h, Macrovector 61h, Daria Kozlovskikh 61b.

© Thinkstock : ph. Seamartini 38hg, 59, 60b, Solodkhaya Mari 47.

LAROUSSE s'engage pour l'environnement en réduisant l'empreinte carbone de ses livres. Celle de cet exemplaire est de :
400 g éq. CO_2
Rendez-vous sur www.larousse-durable.fr

PAPIER À BASE DE FIBRES CERTIFIÉES

Pour les éditions Larousse, le principe est d'utiliser des papiers composés de fibres naturelles, renouvelables, recyclables et fabriquées à partir de bois issus de forêts qui adoptent un système d'aménagement durable. En outre, les éditions Larousse attendent de leurs fournisseurs de papier qu'ils s'inscrivent dans une démarche de certification environnementale reconnue.

Imprimé en Espagne par Macrolibros SL, Valladolid
Dépôt légal : avril 2017
319188/05 - 11041027 - mars 2019